未来教育空间站研究丛书

○ 2020年度广东省教育厅新一代信息技术重点领域专项"重大突发公共卫生事件中谣言早期检测与立场分析模型的研究"（项目编号：2020ZDZX3033）成果
○ 2021年度广东省哲学社会科学十三五规划项目"疫情防控期高校大学生网络负面舆情预警与危机干预机制的研究"（项目编号：GD20XXW05）成果
○ 2021年度广东省教育厅新一代信息技术重点领域专项"大数据背景下疫情防控期高校热点话题跟踪预警及应对策略研究"（项目编号：2021ZDZX1030）成果
○ 2022年度广东省教育厅教育科学规划课题（高等教育专项）项目"面向智慧教育的学习者动态认知诊断与智能导学研究"（项目编号：2022GXJK252）成果

CMP环境下教育数据库高性能查询优化算法的研究

陈永恒　尹春艳 ◎ 著

Research on High Performance Query Optimization Algorithm of Educational Database in CMP Environment

华中科技大学出版社
http://press.hust.edu.cn
中国·武汉

内容提要

随着信息技术在教育领域的高速推进和深入应用,每时每刻都有大量且种类繁多的教育数据产生。如何能够在大规模数据库中及时获取有效且准确的信息,成为数据库管理技术研究的一个重要方向。面对这种数据和访问同时增长带来的沉重负载,很多基于单处理器和单计算机平台的传统数据库系统的处理能力已经显得捉襟见肘,这使得数据库的响应速度越来越慢,查询方式越来越复杂,而且对其持续稳定运行也带来了不利影响。

本书在吸收国内外相关研究成果和实践经验的基础上,选择典型算法进行分析,对教育数据库查询过程中涉及的查询计划构建模型、查询计划执行策略以及数据操作算法三个主要方面展开研究,全面系统阐述了高性能数据库查询优化算法的相关理论,对查询优化算法的相关问题进行了论述。

图书在版编目(CIP)数据

CMP 环境下教育数据库高性能查询优化算法的研究/陈永恒,尹春艳著. —武汉:华中科技大学出版社,2022.12
 ISBN 978-7-5680-9051-3

Ⅰ. ①C… Ⅱ. ①陈… ②尹… Ⅲ. ①教育-专用数据库-查询优化-研究 Ⅳ. ①G40-059.9

中国版本图书馆 CIP 数据核字(2022)第 257911 号

CMP 环境下教育数据库高性能查询优化算法的研究 　　陈永恒　尹春艳　著
CMP Huanjing xia Jiaoyu Shujuku Gaoxingneng Chaxun Youhua Suanfa de Yanjiu

策划编辑:	周晓方　宋　焱
责任编辑:	余　涛
封面设计:	原色设计
责任监印:	曾　婷
出版发行:	华中科技大学出版社(中国·武汉)　　电话:(027)81321913
	武汉市东湖新技术开发区华工科技园　　邮编:430223
录　　排:	华中科技大学惠友文印中心
印　　刷:	武汉邮科印务有限公司
开　　本:	710mm×1000mm　1/16
印　　张:	8
字　　数:	152 千字
版　　次:	2022 年 12 月第 1 版第 1 次印刷
定　　价:	69.90 元

本书若有印装质量问题,请向出版社营销中心调换
全国免费服务热线:400-6679-118　竭诚为您服务
版权所有　侵权必究

未来教育空间站研究丛书编委会

顾　问
汤　庸　谢幼如　邓文新　孟月萍

主　任
金义富

副主任
张子石

委　员（排名不分先后）

周立群　曾茂林　杨俊杰　吴　涛　王林发

孔艺权　郭春才　王伟东　张立敏　黄光芳

曾昭庚　吴　东　李　婷　卢利琼　袁　旭

作者简介

陈永恒 男,黑龙江哈尔滨人,吉林大学计算机应用专业博士毕业。现为岭南师范学院计算机与智能教育学院大数据与人工智能系副教授、硕士研究生导师,主讲课程主要有"Python语言""自然语言处理""深度学习""Linux操作系统"等。主要研究方向为教育信息化、智慧教育等。近几年来主持福建省自然基金1项、福建省教学改革项目1项、广东省哲社项目1项、市厅级项目5项、校级项目多项,发表论文30余篇。先后曾获得岭南师范学院暑期社会实践优秀指导老师、优秀实习指导教师等荣誉称号。

尹春艳 女,黑龙江哈尔滨人,岭南师范学院商学院实验员,主讲课程主要有"数据库原理""模式识别""大数据技术"等。主要研究方向为教育信息化、智慧教育、舆情分析等。近几年来主持市厅级项目6项、校级项目多项,发表论文10余篇。

总序 Introduction

　　我国教育改革和发展正面临着前所未有的机遇和挑战。《国家中长期教育改革和发展规划纲要(2010—2020年)》明确指出：信息技术对教育发展具有革命性影响，必须予以高度重视，要加快教育信息化进程，强化信息技术应用，提高教师应用信息技术水平，更新教学观念，改进教学方法，提高教学效果。《教育信息化十年发展规划(2011—2020年)》也提出：以教育信息化带动教育现代化，是我国教育事业发展的战略选择。教育信息化是教育理念和教育模式的一场深刻变革，是促进教育公平、提高教育质量的有效手段，是创造泛在学习环境、构建学习型社会的必由之路，是当今世界越来越多的国家提高教育水平的战略性选择。加快教育信息化进程，必将对推进教育现代化，建设教育强国和人力教育资源强国产生重要影响，也必将为教育技术学科提供新的发展机遇。

　　2012年，以在线教育为契机，全球范围开展了一场教育革命。2013年1月，《福布斯》杂志专门以"教育革命"为标题聚焦观察。随着研究的深入，人们普遍认为目前的教育革命不仅仅是在线教育，而是云计算、物联网和大数据所带来的教育革命的显现，而这场革命早在1970年就被阿尔文·托夫勒在其畅销书《未来的冲击》第十八章"未来的教育"中进行过准确预测，并在那个时候提出了"教育的革命"的说法。托夫勒预测未来的教育要面对服务、面对创新，因此在家上学、教育空间设计、面向未来的学校界限的消失将成为趋势。托夫勒预测未来教育的时代，计算机科学技术刚刚起步，云计算、物联网和大数据还没有应用的苗头，只能用惊人的直觉和天才的灵感对未来教育进行展望。四十多年后的今天，学习型社会、虚拟学习社区、大规模在线开放课程(MOOC)、网络学习空间、教育O2O模式等教育理念的不断涌现，在家上学与在线教育、城乡教育公平运动与社会化网络、云计算和大数据为基础的教育资源共享、教育模式与教育空间设计的重视、学生个性化和创造性培养与支持，这些都强有力地证明未来教育已经到来了。

　　云计算与在线教育，可以将更多、更优质、更廉价的教育资源连接到社区和家庭的每个角落，更好地实现全社会教育的公平；基于物联网和大数据的更真实、更智慧的教育环境以及教育空间的设计，将行业、学校和海量知识完整真实地连接给每个学生，以更好地实现终身学习和构建学习型社会。教育环境的设计、教育实验场景的布置、教育时空的变化、学习场景的变革、教育管理数据的采集和决策，这些过去靠拍脑袋或者理念、灵感加经验的东西，在云计算、物联网和大数据的背景下，变成一种数据支撑的行为科学。

岭南师范学院教育技术学科团队一直从事信息技术在教育教学中的创新应用研究，并在专业发展、学科建设、科学研究和人才培养等方面取得可喜成绩。2010年12月，教育技术学科作为教育学下的二级学科被正式列入岭南师范学院的重点建设学科。2011年，教育技术学科在原来教育技术系的基础上，通过吸引其他专业的优秀教师转型研究教育技术等方式，组建了教育技术学科大团队，成立了教育技术研究所，凝练出教育知识工程、数字化学习和教育资源开发与应用等三个学科方向。2012年，教育技术学科获得中央财政和广东省财政厅的专项经费资助，开始筹建学校教育创新重点平台——未来教育空间站。2013年5月建成未来教育空间站，9月正式投入使用。2014年12月批准成立广东省高等学校数字化学习工程技术开发中心。学科平台和技术开发中心建设带动了教育技术学科的迅猛发展，这是地方性普通高校教育技术学科发展的成功典型案例。

"未来教育空间站研究丛书"的出版，是岭南师范学院教育技术学科团队在国家、省部级课题资助下从事信息技术支撑的未来教育研究的智慧结晶，探索教育信息化的新理论、新方法和教学应用实践。本丛书以"信息技术与教育的深度融合"为主线，从理论基础与方法、信息技术与开发、教学应用与实践等多个层面，探讨"互联网＋"背景下教育技术发展的新思路和新路径，形成系列化的未来教育前瞻性研究成果。本丛书从教育学原理、技术哲学等角度，研究教育信息技术的原理、本质与发展价值，研究教育中的信息技术创新与应用；从教育信息化项目整体规划角度，研究未来教育空间站的设计与教学应用；从当前教育的热点应用问题，研究"互联网＋教育"的理论体系框架，研究云计算和大数据的教育应用；从智慧教育的角度，研究智能化课堂学习环境的构建与应用，研究未来教师信息化教学智慧的培养。

信息技术与教育正在从"学科整合"向"全面融合"转变，深刻影响着教育理念、教学过程、教学模式和教学方法的改革，推动着教育体系的深层变革。岭南师范学院教育技术学科团队的创新性研究成果，对我国正在开展的教育信息化理论、方法和应用实践创新研究，具有非常重要的借鉴价值和指导意义。

岭南师范学院教育技术学科带头人　教授

2015年8月1日

前言 Preface

"三通两平台"建设和应用深化,产生了大量数据,我们称为教育大数据。教育大数据包括学习过程之中师生方面的行为记录、学生学习结果的综合评定数据以及师生学习行为构成的学习关系型网络等。随着数据量的增大,传统数据库系统的处理能力已满足不了现在需求,如何能够准确有效地获取复杂的信息,提高数据库查询处理能力,成为当下急需解决的问题。片上多核处理器提升了片上计算能力和存储空间,提高了片上通信的速度和带宽,为高性能并行计算的应用提供了基础设施,其成本和功耗也为其普及提供了条件,片上多核处理器已成为未来较长一段时间内的发展趋势。多核处理器的这场硬件的革命自然也带动了软件的革命,大量的软件设计人员将多核处理器作为并行化程序设计的实现平台,多核平台与并行计算理论相结合,以多线程并行的方式提升应用程序的性能。

随着信息技术在教育领域的高速推进和深入应用,每时每刻都有大量且种类繁多的教育数据产生。如何能够在大规模数据库中及时获取有效且准确的信息,成为数据库管理技术研究的一个重要方向。鉴于此,笔者在参阅大量相关文献和经验总结的基础上,撰写了《CMP 环境下教育数据库高性能查询优化算法的研究》一书。基于多核平台,研究利用并行计算技术,实现教育数据的高性能查询,是本书的研究目标。本书从传统的问题入手,选择典型算法进行分析,对教育数据库查询过程中涉及的查询计划构建模型、查询计划执行策略以及数据操作算法三个主要方面展开研究。

本书共由四个章节组成。第一章主要对高性能数据库查询优化算法的研究背景、研究现状和研究意义等做了系统阐述,以便读者对高性能数据库查询优化的应用研究有一个基本认识。第二章对查询计划的构建进行了优化,提出了基于逻辑转换优化的自底向上连接枚举并行算法和基于逻辑转换优化的自顶向下连接枚举并行算法。通过连接子集对优化构建算法实现高效的连接子集对构建,并对其合理性进行了证明。依托构建的有效连接子集对集合,对基于多核的自底向上连接枚举并行算法进行了研究,避免了线程执行的连接子集与其他线程运行的连接子集之间的依赖关系,实现了最优查询计划的并行构建。通过构建谓词扩展相称表,提出了可以支持多种连接的基于逻辑转换优化的自顶向下连接枚举并行算法。第三章对查询计划的构建进行了优化,提出基于查询子图相似性优化的查询计划构建算法。为了缓解搜索空间对于动态规划枚举算法的限制,通过基于查询子图相似性优化的查询计划构建算法,减少了构建的局部最优查询计划的数量,避免大量逻辑表达式的构建,一定程度上减少搜索空间。第四章首先提出基于多核硬件体系结构的查询计划并行执行框架,并给出了该框架相关的执行算法,然后以连接算法为重点,提出基于基值多路分解的并行哈希连接算法。针对如何实现查询计划的多线程执行,获得最大的资源利用率,本书依据查询计划的执行粒度,提出了两个层次的新型优化方法,即最优查询计划的执行策略和操作算法的执行策略。这些执行策略在一定程度上避免了查询计划在执行过程中Cache访问缺失以及Cache访问冲突的发生,提高了查询计划的执行性能。

  本书在吸收国内外相关研究成果和实践经验的基础上,阐述了高性能数据库查询优化算法的相关理论,全面系统地对查询优化算法的相关问题进行了论述。在本书的撰写过程中,笔者参考、借鉴了国内外相关文献资料,也得到了亲朋的支持,特此致以衷心的感谢。但由于时间紧迫和笔者水平有限,书中难免存在不足,希望同行和广大读者批评指正。

著 者
2023 年 1 月

目录

第一章 绪论 | 1

第一节 研究背景与问题提出 / 1
第二节 多核体系架构及比较 / 2
一、多核体系架构 / 2
二、多核硬件体系结构与超线程技术的对比 / 3
三、多核与单核平台上多线程技术对比 / 4
第三节 主要研究内容及现状 / 5
一、多核体系架构的发展 / 5
二、基于多核的数据库查询优化算法的研究 / 6
第四节 本书主要内容 / 8

第二章 查询计划的动态规划枚举构建算法 | 11

第一节 引言 / 11
第二节 自底向上枚举优化算法的研究 / 13
一、自底向上动态规划枚举算法 / 13
二、连接子集对优化构建算法的研究 / 15
三、连接子集对构架算法合理性证明 / 20
四、基于多核的自底向上连接枚举并行算法 / 25
第三节 自顶向下枚举优化算法研究 / 33
一、自顶向下动态规划枚举算法 / 33
二、支持非内连接的自顶向下枚举算法 / 36
三、基于逻辑转换优化的并行自顶向下枚举算法 / 40
第四节 算法性能评估 / 44
第五节 本章总结 / 46

第三章 查询计划的非枚举构建算法 | 48

- 第一节　引言　　　　　　　　　　　　　　　　　　　／48
- 第二节　遗传算法　　　　　　　　　　　　　　　　　／50
  - 一、迭代改进算法　　　　　　　　　　　　　　　　／50
  - 二、模拟退火算法　　　　　　　　　　　　　　　　／51
  - 三、两阶段优化算法　　　　　　　　　　　　　　　／51
- 第三节　迭代动态规划算法　　　　　　　　　　　　　／52
- 第四节　基于查询图相似性的查询计划构建算法　　　　／53
  - 一、相似查询子图集的 DP 算法　　　　　　　　　　／56
  - 二、相似查询子图集的构建　　　　　　　　　　　　／58
  - 三、相似子图查询计划的构建　　　　　　　　　　　／63
- 第五节　相似查询子图集构建算法的优化　　　　　　　／65
  - 一、优选相似种子对　　　　　　　　　　　　　　　／65
  - 二、优选相似子图集　　　　　　　　　　　　　　　／67
  - 三、基于相似查询子图集的 IDP 算法　　　　　　　　／68
- 第六节　相似查询子图集的构建算法性能分析　　　　　／70
- 第七节　本章总结　　　　　　　　　　　　　　　　　／72

第四章 多核环境下查询计划的执行策略 | 74

- 第一节　引言　　　　　　　　　　　　　　　　　　　／74
- 第二节　关系数据库系统固有并行性　　　　　　　　　／76
- 第三节　查询计划并行执行算法　　　　　　　　　　　／78
  - 一、数据流执行策略树　　　　　　　　　　　　　　／78
  - 二、并行数据流执行策略图　　　　　　　　　　　　／81
  - 三、工作量及缓冲区计算　　　　　　　　　　　　　／86
  - 四、并行执行策略的优化　　　　　　　　　　　　　／89
- 第四节　多核环境下 Hash 连接并行算法　　　　　　　／90
  - 一、常用连接操作并行算法　　　　　　　　　　　　／92
  - 二、基于基值分解的并行哈希连接实现框架　　　　　／92
  - 三、基于基值分解的并行哈希连接实现算法　　　　　／98
  - 四、负载均衡优化　　　　　　　　　　　　　　　　／101
- 第五节　多线程并行算法性能分析　　　　　　　　　　／106
- 第六节　本章小结　　　　　　　　　　　　　　　　　／108

参考文献 | 109

后记 | 112

绪 论

第一节 研究背景与问题提出

随着近些年大规模集成电路技术的发展,基于多处理器结构体系的并行计算机得到了跨越式的进步,每秒数百亿次、数千亿次乃至数万亿次计算能力的尖端多处理器计算机接连不断的研发成功,大量以前无法计算和探寻的问题得以实现。硬件和软件在计算机行业中一直是互相促进、相辅相成的,当各个科研领域将大规模的数值计算作为解决问题的重要手段后,大规模数值计算的运行平台——尖端多处理器计算机受到了极大的冲击。首先,高造价使得高性能多处理器计算机的应用及普及受到了影响;其次,由于主频会增加处理器的功耗和设计复杂度,其中最大的困难就是提高主频所带来的高发热问题,使得简单地应用主频的升级来提升芯片的性能变得很不实际。在各种因素合力作用下,目前大多数处理器制造厂商开始采用一种新的微处理设计方案,通过在单个处理器芯片上实现多个"执行核",即多核处理器。

片上多核处理器提升了片上计算能力和存储空间,提高了片上通信的速度和带宽,为高性能并行计算的应用提供了基础,片上多核处理器的成本和功耗的降低也为其普及提供了条件。由于多核体系的结构特点,每个处理器执行核实质上都是一个相对简单的单线程微处理器,程序代码可以被多个单线程微处理器并行执行,各线程之间实现了真正意义上的并行,因而具有了较高的线程级并行性。多核这场硬件的革命自然也带动了软件的革命,大量的软件设计人员将多核处理器作为并行化程序设计的实现平台,多核平台与并行计算理论相结合,以多线程并行的方式提升应用程序的性能。因此,多核环境下的并行计算研究成为并行处理研究领域的一个重要分支。

随着信息技术在教育领域的高速推进和深入应用,每时每刻都有大量且种类繁多的教育数据产生。如何能够在大规模数据库中及时获取有效且准确的信息,成为数据库管理技术研究的一个重要方向。面对这种数据和访问同时增长带来的沉重负载,很多基于单处理器和单计算机平台的传统数据库系统的处理能力已经显得捉襟见肘,这使得数据库的响应速度越来越慢,查询方式越来越复杂,而且对其持续稳定运行也带来了不利影响。为了解决因数据库迅速膨胀引发的上述问题,并行数据库系统应运而生,它采用了由传统数据库管理技术和并行处理技术结合而成的并行数据库技术,并以高性能并行计算机作为硬件平台,拥有出众的性能、可靠性和可扩展性。但由于基于多处理器平台成本的考虑,并行数据库多数在提高了性能的同时,也带来了过高的成本,为并行数据库的普及带来了困难。

结合高性能多核处理器运行平台,利用其较高的线程级并行性,对数据库管理系统的优化器进行优化,将多核的成本优势与并行化计算对数据库管理性能上的需求相结合,应用高性能并行计算技术来构建高效的查询算法,解决因数据库迅速膨胀引发的问题,成为一个新的数据库研究分支。数据库查询优化的研究主要围绕着具有多个连接操作的复杂关系数据库查询的优化问题进行的,基于多核体系平台,考虑利用并行计算技术实现查询优化可以分成两个步骤:第一步是通过并行技术高效率产生顺序查询执行计划;第二步是应用并行化方法识别出该查询执行计划中的可并行执行的单元,产生一个高效率的并行查询执行计划。根据这两个步骤,数据库查询优化的并行性研究分为三个方面:查询计划构建(简称查询计划)模型、查询计划并行执行策略和并行数据操作算法。

第二节 多核体系架构及比较

一、多核体系架构

多核处理器采用单芯片多处理器(chip multiprocessor,CMP)的设计,在独立的处理器芯片中集合两个或更多 CPU 执行核,每个 CPU 执行核都是一个独立的处理器,不是简单的单处理器内处理器资源的重用。根据设计的不同,高速缓冲器 Cache 可以被单个的 CPU 执行核独享,也可以被多核 CPU 执行核共享。图 1.1(a)和(b)所示的分别为独立 Cache 和共享 Cache 的多核体系结构。在当今的多核硬件体系结构中,多个 CPU 执行核共享内存,并且 CPU 执行核一般都是对称的,因此属于共享存储的对称多处理器(symmetric multiprocessor,SMP)。

(a) 独立Cache的多核体系结构

(b) 共享Cache的多核体系结构

图 1.1　多核体系结构

在多核硬件体系结构中，如果要充分发挥硬件资源的执行性能，必须采用多线程执行，使得每个 CPU 核在同一时刻都有线程执行。多核硬件体系结构上的多个线程是在物理上并行执行的，是完全并行执行，即在同一时刻有多个线程在并行执行。

多核 CPU 处理器中都使用共享 LLC 的机制，LLC 是指 last level Cache，即最外层 Cache，从而简化了 Cache 的一致性协议，但是仍然需要一种机制即 Cache 块必须保存与相关核的标识信息，或者动态地将 Cache 分配给所有核，并且如果 FSB(front side Bus，前端总线)接口也是共享资源的话，也可以减少 FSB 流量，如 Intel CoreTM Duo 双核处理器。

二、多核硬件体系结构与超线程技术的对比

多处理器技术通常简称 MP(multiprocessor)，在 MP 中存在多个物理处理器，而超线程技术则仅使用一个物理处理器。在超线程技术中，单个处理器被分成许多部分来使用，其中一些部分被各线程共享，而其他部分则可以在各线程中分别复制使用，被共享的资源中最重要的就是实际的执行部件，当两个线程同时执行时，超线程技术将两个线程的指令严格地交错到执行流水线中，至于选择哪条插入指令以及何时将其插入流水线中，则完全取决于线程执行时处理器有哪些执行资源可用。而另一方面，多核处理器是将两个甚至更多的独立执行核嵌入同一个处理器内部。因为存在多个执行核，所以每个指令序列(线程)都具有一个完整的硬件执行环境，这样，各线程之间就实现了真正意义上的并行。在 MP 环境中，每个处理器都能够启用超线程技术，如图 1.2 所示。对于不支持超

线程技术的 MP 环境来讲,每个线程都能够动态地获得处理器中固定数量的专用功能模块,而在支持超线程技术的 MP 环境中,所有资源都由所有线程共享,并采用线程指派策略来决定资源的使用。

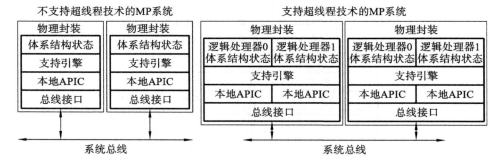

图 1.2 支持与不支持超线程技术的多处理器系统对比

三、多核与单核平台上多线程技术对比

目前,在许多单核平台上的应用程序都采用多线程技术来改善程序对用户的响应时间,这种模式中,开发人员依靠提高指令吞吐率的方法提高应用程序的性能,但是这也正是单核处理器上的多线程技术的一个非常明显的局限性。实际上,因为单核处理器只能将多个指令流交错执行,并不能真正将它们同时执行,所以单核结构上的多线程应用程序的性能就受到了限制。而多核平台上,各线程根本不需要为了得到某种资源而挂起等待,所以这种性能瓶颈在多核硬件体系结构中是不存在的。而且多核平台为开发人员提供了一种优化应用程序的渠道,那就是通过仔细分配加载到各线程(或各处理器核)上的工作负载就能够得到性能上的提升。

对于这两种平台,设计思想的不同之处还主要体现在存储缓冲和线程优先级两个方面。在存储缓冲方面,多核平台上的每个处理器都拥有自己的 Cache,因此多个 Cache 可能会出现不同步的现象,即伪共享(false sharing)问题。而单核平台上,因为只有唯一的 Cache 供各线程共享,所以就不存在 Cache 同步问题。在线程优先级方面,由于多核平台的调度程序是在不同的执行核上调度不同线程,各线程同时执行,线程的优先级不起作用,而单核平台中定义的具有较高的线程可以优先获取资源,所以在单核与多核平台上采用相同的线程优先级策略会导致不同的线程行为。

第三节　主要研究内容及现状

一、多核体系架构的发展

在过去的几十年里,PC 的 CPU 速度的发展一直按照摩尔定律进行,长期以来提高处理器主频成为提高 CPU 速度的关键。目前,单核 CPU 的速度已超过 3 GHz,提高主频会增加处理器的功耗和设计复杂度,其中最大的困难就是提高主频所带来的高发热问题。在单核时代,提高性能的另一手段是用超标量处理器的方式,让处理器在一个时钟周期内执行多条指令。超标量处理器通常有两个或多个处理单元,利用这些硬件资源,需要对软件进行精心设计。还有一种提高单核 CPU 性能的方法就是通过超流水线的方式提高频率,但是目前超流水线已达到饱和状态,因此,从指令级上提升 CPU 性能已经达到极限。综上所述,通过提高单核 CPU 处理能力的方法来提升计算机系统性能,已经到达瓶颈状态。

虽然单核的计算能力已达到极限状态,但是对计算能力的应用需求并没有达到极限,而是越来越高,所以并行计算技术应运而生,通过增加计算机中物理处理器的数量,能够有效地利用线程的并行性,实现真正意义上的并行执行。并行计算机是由一组处理单元组成的,通过相互之间的通信与协作,以更快的速度共同完成一项大规模的计算任务。20 世纪 60 年代初,晶体管以及磁芯存储器的出现,处理单元变得越来越小,存储器也更加小巧和廉价。这些技术导致了并行计算机的出现。这一时期的并行计算机多是规模不大的共享存储器系统,如 IBM 360。20 世纪末期,同一个处理器开始设置多个功能相同的功能单元,流水线技术也出现了。这些并行特性的应用大大提高了并行计算机系统的性能。并行计算机与超级计算机技术,为多核计算机的出现奠定了基础。集成电路的进步也为多核芯片提供了物理条件。

在各种因素合力作用下,目前大多数处理器制造厂商开始采用一种新的微处理设计模式:片上多处理器(chip multiprocessor,CMP)。片上多处理器是将多个计算内核集成在一个处理器芯片上,作为一个整体工作的一组单核处理器,几个较小的处理器"内核"填满了原本被单个大型单核处理器占用的芯片面积。每个微处理器核心实质上都是一个相对简单的单线程微处理器或者比较简单的多线程微处理器,这样多个微处理器核心就可以并行地执行程序代码,因而具有了较高的线程级并行性。由于 CMP 采用了相对简单的微处理器作为处理器核心,使得 CMP 具有高主频、设计和验证周期短、控制逻辑简单、扩展性好、易于实现、功耗低、通信延迟低等优点。

二、基于多核的数据库查询优化算法的研究

多核 CPU 已成为未来较长一段时间内的发展趋势,由于 CMP 的硬件特性为并行计算提供了支持,这意味着串行编程将向并行分布式编程方向发展。如何能够根据多核 CPU 系统结构提供的硬件平台的特性,利用软件中存在的数据级和任务级并行性来提高程序性能,成为当前程序员值得思考的问题。

数据库查询优化的研究主要围绕着具有多个连接操作的复杂关系的优化问题进行。在顺序数据库系统中,当给定一个查询语句,查询优化算法就是找到该查询语句的一个具有最小工作量的执行计划,且这个执行计划就是最优的。因为在单处理机系统中,一个计算任务的响应时间与这个任务的工作量成正比,因此这个执行计划必然具有最快的响应时间。而在多核的计算机系统环境中,数据库管理系统优化组件的重要任务是构建具有最小响应时间的执行计划,工作量的大小不是优化组件的关键部分。基于多核平台,考虑研究利用并行计算技术实现数据库查询可以分成两个步骤:第一步是通过并行技术构建顺序查询执行计划;第二步应用并行方法识别出该查询执行计划中的可并行执行的单元,产生一个高效率的并行查询执行计划。目前,数据库查询优化的并行性研究分为三个方面:查询计划构建(简称查询计划)模型、查询计划执行策略和连接操作算法。

1. 查询计划构建算法研究

1979 年,Selinger 等首次实现了基于成本的查询优化器,而且更重要的是提出应用动态规划方法来求解最优查询计划的问题。其将动态规划方法作为查询优化器的基础算法,利用动态规划算法实现了数据库查询语句最优查询计划的构建。2006 年,G. Moerkotte 和 T. Neumann 首先提出了一种 DPccp 算法,该算法通过遍历查询图生成连接匹配对,从而避免了大量笛卡尔积连接运算。随后对该算法进行改进,进一步提出了相似的 DPhyp 算法,该算法不仅能够实现内连接,而且能够高效地实现全连接。

动态规划的枚举算法是在构建所有可能的查询计划的基础上,找出具有最小查询成本的最优查询计划,其构建的查询计划是绝对最优解。而随着"海量信息"时代的来临,包含大量关系的多连接数据库查询越来越普及,很多实际的应用都涉及大量的多连接查询,这无疑使寻找大规模复杂系统优化问题的全局最优解变得更加困难。Scheufele 和 Moerkotte 已证明基于表连接次序的执行计

划的优化算法是 NP 难问题。为了提高查询处理器的执行效率,考虑采用启发式规则搜索算法或随机算法来构建并搜索具有最小查询成本的最优查询计划,这就是构建的全局优化查询计划的随机性方法。目前应用较多的随机算法有：Generic Algorithms、Iterative Improvement(II)、Simulated Annealing(SA)、Two Phase Optimization(2PO)、QuickPick 以及 Iterative Dynamic Programming (IDP)。考虑到随机性方法构建查询计划质量的不确定性,一种基于查询图的结构特点,利用判断相似子图来降低查询复杂度的方法被提了出来。给定一个查询图 Q 和一组图集 S,Xifeng Yan 等通过在 S 中发现所有与 Q 相似的子图,实现了图形数据库中相似子图的判断,利用相似子图来降低大规模复杂数据库查询的难度。

2. 查询计划执行策略算法研究

最优查询计划的并行执行首先是确定操作树的流水线,辨别顺序执行还是并行执行,如果是并行执行,确定流水线要求的缓冲区大小。其次确定可执行流水线树的执行策略,即多条可执行流水线同时执行的策略,关键是在可执行流水线树上确定可同时执行的流水线。但是由于存储容量所限,逻辑上可并行执行的流水线不一定实际并行执行。因此,需要确定流水线树执行策略的启发式算法,解决流水线与操作节点的分配问题。

对于流水线并行问题研究,三种一阶段查询计划执行模型首先被提了出来,不同于一阶段查询计划模型,大量文献对于两阶段数据库查询算法进行了深入的研究,提出了两阶段并行数据库查询算法,进一步优化了两阶段方法。Ganguly 等提出了数据库查询操作树概念,将数据库查询语句表示成查询操作树,依据查询操作树进行任务分割,构建查询计划的并行执行模型,并给出了可以支撑多种并行连接算法的左线性树查询计划执行的动态规划方法。

关于最优查询计划的执行策略的研究大部分是基于多处理器平台的,多核处理器的普及改变了原有数据库对于查询计划优化执行的研究方向,内存与二级高速缓冲存储器层次的访问延迟成为影响数据库执行性能的主要矛盾,需要重新以线程为单位考虑查询计划的并行执行问题。这些改变为查询计划的执行策略研究提供了机会,同时也提出了挑战。现阶段,基于多核环境特有的架构以及硬件特点来分析研究这些问题的文献还非常少。John Cieslewicz 等提出一种并行缓冲区的概念,通过将并行的缓冲区插入查询计划中,实现查询计划的并行执行。Garcia 等分析改进了并行缓冲区的概念,进一步通过对查询计划中各个数据操作工作量的分析,实现了动态的并行缓冲区分配。Ralph Acker 等通过对查询计划中数据操作类型的分析,以及对查询计划中子任务的封装,实现了查询计划的并行执行。

3. 连接操作算法的研究

连接算法是最常用且最耗时的数据库操作，高效率连接算法的设计一直是数据库研究者所关心的重要问题。在数据库操作算法的研究中，人们一直十分注重连接操作的研究，提出了一系列的高效算法。

对于连接操作算法的执行策略优化问题的研究，可以分为两类：存储器访问优化和并行优化。其中可以通过两类方式实现存储器的访问优化：分解方式和预取方式。在多线程处理器出现前，连接操作算法的研究主要针对如何解决数据库的磁盘和内存之间的访问延迟问题。Shatdal 等提出了基值多路分解算法。Boncz 等对基值多路分解算法进行了改进，首先对参与连接的关系表进行基值多路分解，然后实现分解后的子关系对的连接操作。Shimin Chen 等使用软件预取来减少二级缓存存储器 L2_Cache 的访问延迟。Philip Garcia 等对其进一步进行了改进，实现了基于软件预取的多线程的 Hash 连接算法。对于连接操作算法并行优化问题，Dina Bitton 等首先提出了并行循环嵌套连接算法，该算法的基本思想是把两个被连接关系中的小关系作为内部表，将其均匀地分割，把大关系作为外部表，将其元组以流水线方式向分割的各个部分进行广播，各部分并行地完成连接操作。Patrick Valduriez 等提出了并行排序合并连接算法以及简单并行 Hash 连接算法，进一步充实了并行连接操作算法的内容。David 等对并行连接算法进行了综述，对并行循环嵌套连接算法和并行排序合并连接算法进行深入的研究，并提出了两种典型的基于排序合并的并行连接算法。第一种算法首先在多处理机之间分布连接关系，然后每个处理机对连接子集合进行排序合并连接。第二种算法首先使用随机数据划分方法将两个关系划分为多个独立连接对，将关系对在多个处理机间分布，然后各个处理机完成其分布的关系对。随着同时多线程（simultaneous multi-threading,SMT）技术、超线程技术以及多核硬件体系结构的普及，多线程处理器成为高性能微型计算机的标准，连接操作算法并行优化问题的内容发生了变化。Jingren Zhou 等基于同时多线程 SMT 系统，通过为每个基本数据操作分配两个执行线程来优化 Hash 连接。Cieslewicz 等基于 MTA-2 环境，依据分解方法思想，利用多个线程实现了分解后的关系簇的连接，提升了连接操作的性能。

第四节 本书主要内容

多处理器过高的成本，以及在处理数据库并行方面的复杂性，多年来限制了数据库在并行优化方面的研究。然而，随着信息技术在行业应用中的普及和大规模数据库的出现，单处理器和单计算机平台的传统数据库系统的处理能力已满足不了现在需求，如何能够准确有效地获取大规模数据库复杂查询的信息，提高数据库查询处理能力，成为当下急需解决的问题，也是数据库管理技术研究的一个重要方向。随着多核处理器成为未来较长一段时间内的发展趋势，结合高性能多核处理器运行平台，利用其较高的线程级并行性对数据库管理系统的优化器进行优化，解决因数据库迅速膨胀引发的问题，成为一个新的数据库研究分支。

过去的数据库中，磁盘和内存之间的访问延迟是主要矛盾，其通过缓解磁盘和内存之间的访问延迟，降低磁盘和内存之间开销来达到优化的目的。随着内存成本的降低以及容量的扩大，大容量的内存容量成为服务器主流配置，目前的多核计算机体系结构中，大多数是利用多级缓冲体系结构来降低数据访问延迟，磁盘和内存之间的矛盾逐渐得到缓解。但随着内存与高速缓冲存储器速度差越来越大，它们之间延迟问题成为数据库处理能力的主要瓶颈。所以，访问延迟问题的主要矛盾发生了转变，由过去的磁盘和内存层次，转化为内存与二级高速缓冲存储器层次。另外，现在主流的多核处理器都采用共享 L2_Cache 的系统结构，因此如何减少 Cache 访问缺失，屏蔽 Cache 访问冲突，也是值得注意和解决的影响数据库运行性能的更加细粒度的问题。

由此可见，针对多核处理器的体系结构，将数据库管理技术和多核处理器运行平台结合，构建数据库并行技术还面临很多值得解决的问题。本书主要研究内容如图 1.3 所示，依据数据库优化器的执行过程，将基于 CMP 的高性能数据库查询优化算法的研究分成两个部分，即高质量查询计划的构建和查询计划的执行策略。并依据构建高质量查询计划的方式，即确定性方法和随机性方法，进一步将高质量查询计划的构建进行了分割，具体如下：

（1）有效连接子集对对于动态规划算法性能的提升影响很大，通过连接子集对优化构建算法，实现高效的连接子集对构建，依托构建的有效连接子集对集合，基于多核框架新的硬件结构，实现了两种动态规划遍历算法的并行执行。

（2）为了缓解搜索空间对于动态规划枚举算法的限制，提出了一种相似查询子图检测算法，通过对查询图进行分析，依据构建的相似查询子图集合，避免相似查询子图的查询计划构建，达到减少搜索空间，提高存储空间的利用率，缓解存储器间的访问延迟，获得近似最优的高质量查询计划的目的。

（3）基于多核运行平台存储器间的访问延迟以及 Cache 访问缺失问题，提出了一种查询计划的并行执行策略框架。基本思想是通过查询计划的数据流标识、任务分解以及子任务在多线程中的分配来实现查询计划的并行执行。给出了一些实现算法，包括查询计划到数据流执行计划的转变算法、数据流执行计划到数据流并行执行计划的转变算法。

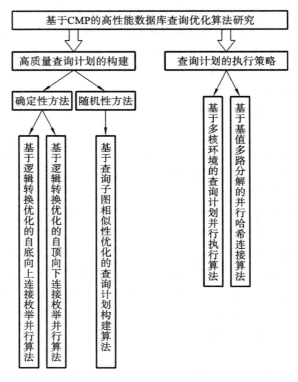

图 1.3　主要研究工作

（4）在理解基值多路分解算法优缺点的基础上，对其算法的两个执行阶段进行改进。依据可回收利用的分割缓冲树，实现屏蔽的 Cache 访问冲突的多线程并行分割操作。使用多线程实现分解子集合簇的并行连接，并利用预取线程来提高 L2_Cache 的命中率。

第二章

查询计划的动态规划枚举构建算法

第一节 引 言

基于成本的查询优化器是数据库管理系统的基本构件之一,数据库系统中的查询优化器通过构建可选执行计划、估算每个计划的执行成本和选择最优查询计划三步将非程序化的查询转换成程序化的执行计划。对于任何基于成本的查询优化器来说,构建优化的查询计划是其重要的核心任务。查询空间和查询成本决定了查询优化器的复杂度,通常情况下,增加查询空间可以得到较好的查询计划,但同时编译时间也增加了查询优化的成本。

1979 年,Selinger 等首次提出并实现了基于成本的查询优化器,而且更重要的是进一步提出应用动态规划方法来求解最优查询计划的问题。其将动态规划方法作为查询优化器的基础算法。动态规划(dynamic programming,DP)算法是解决多阶段决策过程最优化问题的一种常用方法。动态规划算法的基本思想是:将待求解的问题分解成若干个相互联系的子问题,先求解子问题,然后依据子问题的解得到原问题的解;对于重复出现的子问题,只在第一次遇到的时候对其进行求解,并把最优解保存起来,让以后再次遇到时直接引用最优解,而不必重复求解。动态规划算法将问题的解决方案视为一系列决策的结果,同时考察每个决策序列中是否包含一个最优决策子序列,即问题的解决方案是否具有最优子结构性质。枚举型的最优查询计划的求解有两种方法:自底向上和自顶向下的动态规划方法。

自底向上动态规划枚举算法首先生成最小的原子问题,然后将较小的子问题合并来求解较大的问题,因此每一个子问题的求解依靠更低一层的子问题,即在处理两个子查询构成的连接对(Subquery1,Subquery2)之前,必须先求得两个子查询的最优解,即得到 Subquery1 和 Subquery2 的最优查询计划(QEP)。为了避免对多余子查询进行求解,自底向上的动态规划方法利用最优性原则在内存中存储最优的查询执行计划,存储的最优查询执行计划是一个记录集,每个记录是多个关系表的最优查询执行计划 QEP,并通过建立多个关系的 hash 表来实现执行构建的最优查询执行计划。自顶向下的动态规划枚举算法的过程与其相反,但自顶向下的动态规划枚举算法最大的特点是可以将已完成的分支的最优查询计划成本作为其他分支的成本阈值,实现剪枝操作。

近几年来,随着 CPU 制造技术的不断发展,很多人将目光逐渐转移到了在单个处理器芯片上实现多个"执行核"的设计方案上,这就是所谓的多核处理器。未来 CPU 将改变一个芯片上只放置单个整体式核心的传统做法,而在一个芯片上放置多个较小的核心,以此提高同时并行的性能。通过有效的数据共享,多核心的 CPU 将能提供给多个不同的线程使用,效果有如超线程一样,可以保证一个核心忙碌的情况下(PC 的工作负载有时会出现这种情况),有独立的核心处理满负载线程之外的其他线程,维持系统的正常工作。而每个线程使用的是一个独立的核心,加上有可能采用两个以上的核心,所以处理速度将比超线程更加快速,效果接近于多 CPU 的 PC 系统。可以使多个核心的性能和稳定性呈近乎线性地增长。因此,对于一定数量的晶体管,两个较小的 CPU 性能应能胜过一个大的 CPU。目前微机上使用的多核处理器都采用片上多核处理器构架,即片上多核处理器(chip multiprocessor,CMP)。

随着现代数据库规模的不断扩大以致达到以十亿字节(GB)计量,对能够处理如此巨大的数据信息系统的需求也随之而来,从而为应用高性能并行计算技术找到一种高效的信息提取方法,成为数据库管理技术研究的一个重要方向。一般来说,在计算机产业中,硬件和软件的发展一向是相辅相成,互相促进的。然而数据查询优化的应用研究相对硬件的发展有些滞后,这就提出了一个问题,如何能够基于多核框架这种新的硬件结构,利用多线程技术提高动态规划方法求解最优查询计划的性能,从而实现高效的数据库查询处理信息的能力?

G. Moerkotte 等提出了 DPcpp 算法,该算法通过遍历查询图(graph-driven)生成连接匹配对,从而避免了大量的笛卡尔积连接运算,提高了查询计划的生成效率。Guido Moerkotte 等提出了相似的 DPhyp 算法,该算法不仅能够实现内连接,而且能够高效地实现全连接。DPcpp 和 DPhyp 算法改良了查询计划生成过程中的连接对的效率,但并没有对查询计划本身生成的并行性进行研究。最近,Wook-Shin Han 等基于共享 L2_Cache 的多核框架,提出了一种基于 DP-size 方法的并行查询计划生成算法 PDPsva,包括并行的连接枚举算法和负载平衡算法。该算法将连接对的生成与查询计划的生成分离,并且为了避免查询计划生成过程中访问连接对产生的冲突,依据连接对中关系的数量进行分组。基于这种方法,PDPsva 将所有的连接对转换成偏序对,并根据组间依赖组内并行的特点,实现查询计划构建的多线程并行化。但是,PDPsva 算法是通过自底向上动态规划方法的 size-driven 方式构建查询计划的,这种方式会产生大量的不可连接的匹配对。

以上讨论的最优查询计划生成算法都是通过动态规划算法的自底向上方式构建的,这种算法的优点是从底层到高层构建子查询计划的过程中,可以很好地消除层间的依赖关系,实现查询计划的并行构建。然而,随着查找语句中关系表的增加,其性能下降得特别快。而自顶向下的动态规划算法可以利用其特有的剪枝技术,有效地缓解这个问题。Graefe 等首次提出利用动态规划的自顶向下方式构建查询语句的最优查找计划。该算法通过逻辑转换,将查询语句转换成一棵逻辑表达树,而逻辑表达树到物理表达树的转变是通过基于成本的自底向上方式实现的。Volcano/Cascades 实现了逻辑转换以及逻辑到物理转换的无缝统一。然而,传统的自顶向下枚举算法的逻辑转换是依据逻辑转换规则随机产生的,并且每次都需要使用查询图特性来控制笛卡尔积的产生。这种逻辑转换方式,对于全连接查询图非常有效,而对于非全连接的查询图,会产生很多无效的逻辑表达式,特别是造成笛卡尔积重复判断。对于大型的数据库查询,避免笛卡尔积的产生所付出的成本代价可以达到 $\Omega(3^n)$ 级别。另外,内连接是最常见的连接操作,基于内连接的查询在不考虑笛卡尔积的情况下,可以自由地对连接顺序进行重排,即任意重排连接构建的查询语句与原查询语句等价。然而,当查询语句中包含外连接以及反连接时,由于混合这三种连接类型的连接重排不具有任意性,即存在连接重排构建查询语句与原查询语句不等价,所有重排的情况会变得很复杂。

第二节　自底向上枚举优化算法的研究

一、自底向上动态规划枚举算法

定义 1　具有 n 个关系的查询 $R=\{R_0,\cdots,R_{n-1}\}$,R 是可连接的,$G=(V,E)$ 是查询 R 的查询图,满足如下条件的子集 $(V',E_{|V'})$ 被称为有效连接子集或有效连接子图 csg:

(1) $V' \subseteq V$;

(2) $E_{|V'}=\{(v,v') \in E \mid v,v' \in V'\}$。

csg(n) 用于表示查询图的非空连接子集或连接子图的数目。

定义 2　具有 n 个关系的查询 $R=\{R_0,\cdots,R_{n-1}\}$,R 是可连接的,$G=(V,$

E)是查询 R 的查询图。对于连接子集$(V', E_{|V'})$和$(V'', E_{|V''})$，如果$(V' \bigcup V'', E_{|V'} \bigcup E_{|V''})$也是有效连接子集，以及两个子集间存在连接谓词，则连接子集$(V', E_{|V'})$和$(V'', E_{|V''})$被称为可连接的。

定义 3 具有 n 个关系的查询 $R = \{R_0, \cdots, R_{n-1}\}$，$R$ 是可连接的，$G = (V, E)$是查询 R 的查询图。$(V', E_{|V'})$是一个有效连接子集，$V' \in V$，则满足如下条件的子集$(V'', E_{|V''})$被称为$(V', E_{|V'})$有效子集的互补子集。

(1) $V'' \in V \backslash V'$；

(2) $(V'', E_{|V''})$和$(V' \bigcup V'', E_{|V'} \bigcup E_{|V''})$是有效连接子集。

$ccp(n)$用于表示具有 n 个关系的查询图的有效连接对的数量。依据有效连接对构建的查询计划称为无交集的连接查询计划。

定义 4 具有 n 个关系的查询 $R = \{R_0, \cdots, R_{n-1}\}$，$R$ 是可连接的，$G = (V, E)$是查询 R 的查询图。对于 V 中每个节点 $v \in V$，节点集 $N(v) = \{v' \in V | (v', v) \in E\}$称为节点 v 的邻接点，有效连接子集$(V', E_{|V'})$的邻接点定义如下：

$$N(V', E_{|V'}) = \bigcup_{v \in V'} \mid N(v) \backslash V'$$

这些邻接点是有效连接子集或节点通过一条边就可以达到的所有节点集合，因此也称为直接邻接点。

定义 5 具有 n 个关系的查询 $R = \{R_0, \cdots, R_{n-1}\}$，$G = (V, E)$是查询 R 的查询图。对于 V 中每个节点 $v \in V$，利用 $N_i(v)$ 定义通过 i 条边到达的邻节点集合，也称为 v 的间接邻接点，针对 i 的不同，间接邻接点定义如下：

$$N_0(v) = \{v\}$$
$$N_1(v) = N(v)$$
$$N_{i+1}(v) = (\bigcup_{v' \in N_i(v)} N(v')) \backslash (\bigcup_{j=0,\cdots,i} N_j(v))$$

依据连接对的生成方式，自底向上动态规划枚举算法主要有两种枚举方法：size-driven 枚举算法和 subset-driven 枚举算法。

动态规划算法通过子问题的结合自底向上来求解更大的问题，依据这个原则，求解具有 n 个关系的查询的最优执行计划可以通过构建连接对(P_1, P_2)来实现，其中 P_1 是具有 k 个关系的子查询，而 P_2 是具有 $n-k$ 个关系的子查询。需要注意两点：① P_1 和 P_2 子查询中包括的关系不能重叠；② P_1 中的一个关系和 P_2 中的一个关系存在连接谓词进行关联。图 2.1 所示的为 size-driven 枚举算法的伪代码。size-driven 枚举算法是很多商业查询优化器的核心算法，如 DB2，并且这个算法是分布式数据库管理系统进一步研究查询计划的基础。

size-driven 枚举算法首先构建左右子查询只包括一个关系的连接对的最优计划，然后依据构建的最优计划中包括的关系数，递增地考虑更大的子查询。对于需要考虑的包括 m 个关系的子查询，分析构建满足左子查询 s_1 和右子查询 s_2 包括的关系数和等于 m，并且是可连接子查询的查询计划。BestPlan 表被用于

```
size-driven枚举算法
输入:具有n个关系的连接查询图R={R₀,…,Rₙ₋₁}
输出:基于浓密树的优化查询执行计划
for all Rᵢ∈R {
BestPlan({Rᵢ}) = Rᵢ;
}
for all 1<s≤n ascending  //查询大小
  for all 1≤s₁<s {       // 连接对中左子查询大小
    s₂ = s−s₁;           // 连接对中右子查询大小
    for all S₁∈R:|S₁| = s₁
        S₂∈R:|S₂| = s₂ {
      ++InnerCounter;
      if (∅≠S₁\S₂) continue;
      if not (S₁ connected to S₂) continue;
      ++CsgCmpPairCounter;
      p₁=BestPlan(S₁);
      p₂=BestPlan(S₂);
      CurrPlan = CreateJoinTree(p₁, p₂);
if (cost(BestPlan(S₁∪S₂))>cost(CurrPlan)){
      BestPlan(S₁∪S₂) = CurrPlan;
      }
    }
  }
}
OnoLohmanCounter = CsgCmpPairCounter / 2;
Return BestPlan({R₀,…,Rₙ₋₁});
```

图 2.1　size-driven 枚举算法

实现关系集构成的子查询与其当前发现的最优执行计划之间的映射，保存具有最小成本的子查询的执行计划。InnerCounter 用于计算不考虑两个约束条件下，所有需要成本计算的连接对数量，CsgCmpPairCounter 用于计算考虑两个约束条件下，所有需要成本计算的连接对数量。

图 2.2 所示的为 subset-driven 枚举算法的伪代码。该算法首先建立查询图中包括单关系的最优查询计划，然后递归地构建查询图$\{R_0,\cdots,R_{n-1}\}$所有子集合的最优执行计划。由于非空子集不一定是连接子图，所以该算法必须要对查询子集进行可连接性检测。为了避免外集连接的出现，左右子集 S_1 和 S_2 在通过连接子图的检测情况下，还需保证两子集之间存在连接谓词。

二、连接子集对优化构建算法的研究

根据前面的定义，在构建无交集的有效查询执行计划的过程中，只有如下的子集连接对(S_1,S_2)才是有效的：

(1)S_1是可连接的；

(2)S_2是可连接的；

(3)$S_1 \cap S_2 = \emptyset$；

```
subset-driven枚举算法
输入:具有n个关系的连接查询图R={R_0,…,R_{n-1}}
输出:基于浓密树的优化查询执行计划
for all R_i ∈ R {
    BestPlan({R_i}) = R_i;
}
for 1≤i<2^n−1 ascending {
    S = {R_j −R|(⌊i/2^j⌋ mod 2) = 1}
    if not (connected S) continue;
    for all S_1∈S, ∅≠S_1 ; do {
        ++InnerCounter;
        S_2 = S \ S_1;
        if (S_2 = ∅) continue;
        if not (connected S_1) continue;
        if not (connected S_2) continue;
        if not (S_1 connected to S_2) continue;
        ++CsgCmpPairCounter;
        p_1 = BestPlan(S_1);
        p_2 = BestPlan(S_2);
        CurrPlan = CreateJoinTree(p_1, p_2);
        If (cost(BestPlan(S)) > cost(CurrPlan))
        {
            BestPlan(S) = CurrPlan;
        }
    }
}
OnoLohmanCounter = CsgCmpPairCounter / 2;
return BestPlan({R_0,…,R_{n-1}});
```

图 2.2 subset-driven 枚举算法

（4）存在节点 $v_1 \in S_1$，$v_2 \in S_2$，v_1 和 v_2 在查询图中存在可连接边。

在构建无交集的有效查询执行计划的过程中，非空有效连接子集对的数量直接影响着算法的优劣程度，因此设计构建有效连接子集的算法成为提升自底向上连接枚举算法性能的关键。针对自底向上连接枚举算法的优化，首先考虑有效的遍历生成有效的连接子集对。如果要枚举生成每一个有效连接子集一次并且只一次，则必须以一定的顺序执行动态规划枚举算法，也就是当构建一个有效连接子集对 (S_1, S_2) 的最优查询计划时，其左、右子集的 S_1 和 S_2 的查询执行计划已经构建完成。因此，我们提出一种 DPecs 算法来提高有效连接子集的构建性能。图 2.3 所示的为 DPecs 枚举算法的伪代码。Ecs-pairs 是最重要的一个算法，其用来遍历查询图，生成有效连接子集。Ecs-pairs 算法首先依据一定规则构建有效连接左子集 S_1 的集合，其次针对每个构建的左子集 S_1，构建与其连接的有效连接右子集 S_2 的集合，将 S_1 和 S_2 集合中每个子集结合生成有效连接子集对。

下面将依据有效连接子集对的构建过程来详细介绍 Ecs-pairs 算法。

S 是查询图 G 的连接子集，S' 是 $N(S)$ 的子集，则 $S \cup S'$ 是连接子集，因此可以通过添加连接子集的邻节点，来遍历更大的连接子集，根据这个连接扩展规

```
DPecs 枚举算法
输入:具有n个关系的连接查询图R={R_0,…,R_{n-1}}
输出:基于浓密树的优化查询执行计划
for all R_i ∈ R {
    BestPlan({R_i}) = R_i;
}
for all Ecs-pairs(G), S = S_1∪S_2 {
    ++InnerCounter;
    ++OnoLohmanCounter;
    p_1 = BestPlan(S_1);
    p_2 = BestPlan(S_2);
    CurrPlan = CreateJoinTree(p_1, p_2);
    If(cost(BestPlan(S))>cost(CurrPlan)){
        BestPlan(S) = CurrPlan;
    }
    CurrPlan = CreateJoinTree(p_2, p_1);
    if(cost(BestPlan(S))>cost(CurrPlan)){
        BestPlan(S) = CurrPlan;
    }
}
CsgCmpPairCounter = 2 * OnoLohmanCounter;
return BestPlan({R_0,…,R_{n-1}});
```

图 2.3　DPecs 枚举算法

则,对于每个节点 v_i,我们通过下面的枚举过程来生产所有的连接子集:

(1)将 $\{v_i\}$ 作为连接子集 S;

(2)根据连接扩展规则,将连接子集 S 扩大成更大的连接子集。对于每个非空子集 $N⊆N(S)$,将 $S'=S∪N$ 作为新的待扩展的连接子集,重复步骤(2)。

在连接子集扩展过程中,为了避免重复连接子集的构建,需通过对查询图节点进行顺序编码,来实现连接子集的偏序遍历扩展,具体实现步骤如下:

(1)利用广度优先算法对查询图 $G=(V,E)$ 进行遍历,并依据遍历的先后顺序对查询图 G 中的节点进行数字编码,对于 $v∈V$ 节点,用 $L(v)$ 表示节点 v 的数字编码,数字编码是唯一的,因此可以通过 $v=v_{L(v)}$ 唯一标识一个节点。

在编码的过程中,假设查询图 G 不包括自循环的边,即不存在 $v∈V,(v,v)∈E$,如果存在自循环边,可以将其删除,不影响连接子集的构建。在使用广度优先算法对查询图 G 进行数字编码遍历的过程中,应注意满足如下约束条件:

- 存在节点 $v_0∈V$,具有数字编号 0;
- 节点集 $N_1(v_0)$ 具有的数字编号范围是 $[1,|N_1(v_0)|]$;
- 节点集 $N_k(v_0)$ 具有的数字编号范围是 $[\sum_{i=0}^{k-1}|N_i(v_0)|,\sum_{i=0}^{k}|N_i(v_0)|]$。

(2)在对查询图 $G=(V,E)$ 中连接子集 $\{V',E_{|V'}\}$ 执行连接扩展规则的过程中,只考虑利用邻接点中下标数字大于连接子集中最小下标数字的邻接点,来对连接子集进行扩展,即在邻接点集中只考虑满足如下条件的邻接点:

$$\{v\mid L(v)>\min(\{L(v)\mid v∈V'\}),v∈N(V',E_{|V'})\}$$

在扩展邻接点中,不需要考虑的节点称为约束节点,否则,称为有效邻接点。在所有有效邻接点扩展完成后,扩展的连接子集进一步递归调用连接扩展规则,但必须利用已扩展有效邻接点,进一步扩大约束节点的约束范围。

要构建查询图的有效连接子集对,还需要构建每个连接子集 S_1 的互补子集 S_2。基本思想是:首先在 S_1 的邻接点选择一个节点作为其互补子集 S_2,然后利用上面的避免重复连接子集扩展规则进一步将子集 S_2 扩大,从而构建子集 S_1 更多更大的互补子集。

在构建连接子集对过程中,为了避免重复生成连接子集对,利用具有数字编码节点的查询图,实现偏序遍历构建互补子集,具体实现如下:

在构建有效连接子集 $S_1(V', E_{|V'})$ 的互补连接子集 $(V'', E_{|V''})$ 的过程中,在选择邻接点时,不考虑节点下标数字小于子集 S_1 中最小节点的下标数字的节点,即约束子集 $\{v \mid L(v) \leqslant \min(\{L(v) \mid v \in V'\}), v \in N(V', E_{|V'})\}$,以及子集 S_1 包括的节点。注意,在调用连接子集扩展规则对选择的有效邻接点进行连接子集扩展时,需要利用有效邻接点来扩大约束节点。为了简化表达方式,用 S_1 代表有效连接子集,并使用 $BL_{\min(S_1)}$ 来表示约束节点集合 $\{v \mid L(v) \leqslant \min(\{L(v) \mid v \in V'\}), v \in N(V', E_{|V'})\}$。

图 2.4 所示的为 Ecs-pairs 算法的伪代码。Ecs-pairs 算法首先将每个节点

```
Ecs-pairs算法
输入:具有n个关系{R₀,…,Rₙ₋₁}的连接查询图G={V,E}
输出:所有G的有效连接子集对
Breadth-first search G to number V
for i∈[0,…,n-1] descending
  PairQueue + = {vᵢ};
  PairQueue + = MinOptimistic(G,{vᵢ},BL(vᵢ))
for each S₁∈PairQueue
  Ls←CmpSub(G, S₁)+;
  for each S₂∈Ls
  return (S₁,S₂)

MinOptimistic(G,S,BL)
输出:S子集的有效扩展子集
for S'∈ (N(S)\BL) and v≠≅
  return (S∪S')
for S'∈ (N(S)\BL) and v≠≅
  MinOptimistic(G,(S∪S'), BL∪(N(S)\BL))

CmpSub（G,S₁）
输出:子集S₁的所有互补有效子集
X=BL_{min(S1)}∪S₁
N=N(S₁)\X
for all(vᵢ∈N by descending I)
  return (vᵢ);
  MinOptimistic(G,{vᵢ}, X∪N);
```

图 2.4 Ecs-pairs 算法

入队,对于队列中每个节点$\{v_i\}$,依据节点数字序列 i 从大到小通过调用 MinOptimistic 扩展节点或连接子集,取得更大的连接子集,通过调用 CmpSub 获得每个连接子集的所有互补连接子集,从而构建有效连接子集对。

MinOptimistic 是递归自调用函数,主要通过连接扩展规则对连接子集 S 进行扩大,为了避免连接子集的重复出现,在可扩展的邻节点集合中删除了该连接集合的 BL 约束节点集合以及已经扩展的邻接点。CmpSub 针对每个已构建的连接子集 S_1,首先将每个邻接点 $N(S_1)$ 作为 S_1 的候选互补子集,为了避免有效连接子集对的重复出现,在子集 S_1 相邻的节点不考虑约束节点集 $BL_{\min(S_1)} \bigcup S_1$,然后调用 MinOptimistic 进一步产生 S_1 的更大的互补连接子集,注意在调用 MinOptimistic 时,必须利用已产生的互补子集进一步扩大约束节点集合。

图 2.5 和图 2.6 给出了一个示例进一步直观地说明 Ecs-pairs 算法。图 2.5 所示的是利用广度优先遍历对节点进行序列编号后的查询图 G。表 2.1 所示的是 Ecs-pairs 算法执行查询图 G 构建有效连接子集对的过程,在这个表中,S 和 BL 是 MinOptimistic 的两参数,$N(S)\backslash BL$ 是删除约束节点集的可选扩展集,returnS_1 列是构建的连接子集,构建的连接子集利用"→"符号表示其作为参数调用 MinOptimistic,同时作为 Cmpsub 的运行输入子集,returnS_2 列是输出的互补连接子集对,并利用"→→"符号表示其进一步作为参数调用 MinOptimistic。例如,S 是 $\{v_2\}$,首先将其作为最小连接子集 $\{v_2\}$ 输出,然后将其和约束节点集 $BL = \{v_j | j \leqslant 2\} = \{v_0, v_1, v_2\}$ 作为参数调用 MinOptimistic,通过图 2.5 所示的查询图可以直观地看到 $N(v_2) = \{v_0, v_3, v_4\}$,将其中属于约束节点集的节点删除得到 $\{v_3, v_4\}$,这些节点是可以考虑扩展的有效邻接点,将有效邻接点 $\{v_3, v_4\}$ 与连接子集 $S\{v_2\}$ 进行组合,可以得到 $\{v_2, v_3\}$、$\{v_2, v_4\}$ 和 $\{v_2, v_3, v_4\}$ 三个连接子集。而将 $\{v_2\}$ 作为连接子集 S_1 调用 CmpSub 构建其互补连接子集时,约束集合是 $BL_{\min(S_1)} \bigcup S_1 = \{\{v_j | j \leqslant \min(\{i | v_i \in S_1\})\} \bigcup S_1 = \{v_0, v_1, v_2\} \bigcup \{v_2\} = \{v_0, v_1, v_2\}$,将 $N(v_2)$ 中属于约束节点集的节点删除得到 $\{v_3, v_4\}$,将这个集合中每个节点作为 S_1 的互补最小连接子集输出,得到 $\{\{v_2\}, \{v_3\}\}$ 和 $\{\{v_2\}, \{v_4\}\}$ 两个有效连接子集对,同时 $\{v_3, v_4\}$ 集合中的每个有效邻接点作为参数调用 MinOptimistic,进行连接子集的扩展。

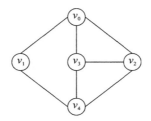

图 2.5 节点具有序列编号的查询图 G

表 2.1 调用 Ecs-pairs 算法执行查询图 G

	MinOptimistic			CmpSub		
S	BL	$N(S)\backslash$BL	returnS$_1$	$X=\text{BL}_{\min(S_1)}\cup S_1$	$N(S_1)\backslash X$	returnS$_2$
{4}	{0,1,2,3,4}	∅	{4}	{0,1,2,3,4}	∅	
{3}	{0,1,2,3,}	{4}	{3}	{0,1,2,3}	{4}	{4}
→{4}	{0,1,2,3,4}	∅				
			{3,4}	{0,1,2,3,4}	∅	
{2}	{0,1,2}	{3,4}	{2}	{0,1,2}	{3,4}	{3}
→{3}	{0,1,2,3,4}	∅				{4}
→{4}	{0,1,2,3,4}	∅				
			{2,3}	{0,1,2,3}	{4}	{4}
→{4}	{0,1,2,3,4}	∅				
			{2,4}	{0,1,2,4}	{3}	{3}
→{3}	{0,1,2,3,4}	∅				
			{2,3,4}	{0,1,2,3,4}	∅	
{1}	{0,1}	{4}	{1}	{0,1}	{4}	{4}
→{4}	{0,1,4}	{2,3}	{2,4}			
→{2,4}	{0,1,2,3,4}	∅				
			{2,3}			
→{2,3}	{0,1,2,3,4}	∅				
			{2,3,4}			
→{2,3,4}	{0,1,2,3,4}	∅				
			{1,4}	{0,1,4}	{2,3}	{2}
→{2}	{0,1,2,3,4}	∅				{3}
→{3}	{0,1,2,3,4}	∅				
→{1,4}	{0,1,4}	{2,3}	{1,2,3}	{0,1,2,3}	{4}	{4}
→{4}	{0,1,2,3,4}	∅				
			{2,3,4}	{0,1,2,3,4}	∅	
			{0,1,2,3,4}	{0,1,2,3,4}	∅	

三、连接子集对构架算法合理性证明

定理 1 对于查询有界图 $G=\{V,E\}$,算法 EnumerateCsg 是有界遍历。

证 EnumerateCsg 执行 $|V|$ 次有限循环,每次循环 EnumerateCsg 算法将一个节点 $v\in V$ 以及 $\text{BL}_{(v)}$ 作为调用 EnumerateCsgRec 算法的参数。因此,如果 EnumerateCsgRec 算法是有界遍历,则算法 EnumerateCsg 是有界遍历。

EnumerateCsgRec 算法有三个参数,即 G、S 和 X,$S\subseteq V \wedge X\subseteq V$,$S$ 和 X 是有界集合。EnumerateCsgRec 算法每次遍历考虑利用排除 X 的 S 连接子集的邻接点 $N\subseteq V$ 作为扩展点,然后使用 N 的所有子集以及 $X=X\cup N$ 作为参数进行自调用。每次 EnumerateCsgRec 算法递归自调,X 都会被有效邻接点扩大,而由于 $X\subseteq V$,所以自调用次数最多是 $|V|$,算法 EnumerateCsg 是有界遍历。

定理 2 算法 EnumerateCsg 构建的所有子集都是可连接的。

证 通过归纳算法进行证明,假设算法 EnumerateCsg 递归深度是 n。
BC:$n=0$

EnumerateCsg 在递归调用前,构建包括一个节点的子集,是可连接的。

IH:假设递归深度为 n 时,构建的子集是可连接的,将构建的连接子集作为参数实现第 $n+1$ 次递归调用。

IS:$n \to n+1$

EnumerateCsgRec 算法的第 $n+1$ 次调用,其参数 S 是连接子集,而 EnumerateCsgRec 算法在扩大连接子集 S 时,只考虑将有效邻接点 N 作为其扩展点,而 N 的每个子集都存在边与 S 相连,所以任何子集与 S 结合得到的子集都是可连接的。

定理 3 有界且相连的查询图 $G=\{V,E\}$,一个节点 $v \in V$,存在自然数 $n \geq 0$,$V_{n'} = \bigcup_{0 \leq i \leq n} N_i(v)$,$(V_{n'}, E_{|V_{n'}|})$ 是连接子集。

证 通过归纳算法证明。

BC:$n=0$

$V_{0'} = N_0(v) = \{v\}$,$(V_{0'}, E_{|V_{0'}|})$ 是连接子集。

IH:假设存在 n,$(V_{n'}, E_{|V_{n'}|})$ 是连接子集。

IS:$n \to n+1$

由于 $V_{n+1'} = V_{n'} \bigcup N_{n+1}(v)$,$(V_{n'}, E_{|V_{n'}|})$ 是连接子集(IH),$N_n(v) \subseteq V_{n'}$,根据定义,$N_{n+1}(v)$ 中所有节点至少存在一个边与 $N_n(v)$ 相连,所以 $(V_{n+1'}, E_{|V_{n+1'}|})$ 是连接子集。

定理 4 有界且相连的查询图 $G=\{V,E\}$,一个节点 $v \in V$,$\exists n \geq 0$,$\forall_{0 \leq i \leq n} N_i(v) \neq \emptyset$,并且 $\forall_{i>n} N_i(v) = \emptyset$。

证 根据 $N_{n+1}(v)$ 的定义可得,$N_i(v) = \emptyset \to N_{i+1}(v) = \emptyset$,而对于任意 i,$N_i(v) \in V$,因此 $\bigcap_{j<i} N_i(v) \bigcap N_j(v) = \emptyset \to N_{|V|}(v) = \emptyset$,可得 $n \in [0, |V|]$。

定理 5 有界且相连的查询图 $G=\{V,E\}$,$|V|>1$,存在节点集 $V' \subseteq V$,$(V', E^{|V'|})$ 是连接子集,则存 $\exists v \in V'$,$(V' \backslash \{v\}, E^{|V'|} \backslash \{v\})$ 是连接子集。

证 $(V', E^{|V'|})$ 是连接子集,对于节点 $v \in V$,根据定理 4,$\exists n \geq 0$,$N_n(v) \neq \emptyset \wedge N_n(v) = \emptyset$,由于 $|V|>1$,所以 $n>0$,$V' = \bigcup_{0 \leq i \leq n} N_i(v)$,根据定理 3,$\bigcup_{0 \leq i \leq n} N_i(v)$ 是连接子集,而 $N_n(v)$ 中所有节点存在至少一个边连接 $N_{n-1}(v)$,所以任何 $v \in N_n(v)$ 节点可以被删除,即 $\forall_{v \in N_n(v)}(V' \backslash \{v\}, E^{|V'|} \backslash \{v\})$ 是连接子集

定理 6 EnumerateCsg 算法对查询图中存在的所有连接子集进行了枚举。

证 假设并不是所有的连接子集都被枚举构建,$\exists V' \subseteq V \wedge V' \neq \emptyset$,$(V', E^{|V'|})$ 是连接子集并且没被枚举遍历,如果存在多个没被枚举的连接子集,选取 $|V'|$ 最小的。由于 EnumerateCsg 算法枚举了所有只包括单节点的连接子集,则 $|V'|>1$,定理 5 表明,$\exists v \in V'$,$(V' \backslash \{v\}, E^{|V'|} \backslash \{v\})$ 是连接子集,由于选取的没被枚举的连接子集的节点数最小,则 EnumerateCsg 算法枚举构建了 $(V' \backslash \{v\}, E^{|V'|} \backslash \{v\})$ 连接子集。

Case 1：在枚举 $V'\setminus\{v\}$ 的过程中，如果 v 出现在 N 中，则与 $(V', E^{|V'|})$ 连接子集没被枚举遍历相矛盾。

Case 2：在枚举 $V'\setminus\{v\}$ 的过程中，由于 v 与 $V'\setminus\{v\}$ 存在边相连，如果 v 没出现在 N 中，则 v 一定是约束节点，即 $L(v) < \min(\{L(v)|v \in V'\setminus\{v\}\})$，在此情况下，EnumerateCsg 算法在枚举 $(V', E^{|V'|})$ 连接子集时，v 作为这个连接子集中具有最小下标的节点，应该作为初始点，第一个被枚举遍历。

定理 7 如果 V' 和 V'' 是构建的连接子集，且 $\min(\{L(v)|v\in V'\}) = \min(\{L(v)|v\in V''\})$，则 V' 和 V'' 是使用相同的初始单节点进行扩展得到的。

证 EnumerateCsg 算法在第一行迭代了所有的单节点，然后将单节点作为初始节点进行扩展，在扩展的过程中根据约束邻接定义，在每次扩展时不考虑节点下标小于初始节点下标的节点。因此，最小下标节点决定了初始节点。

定理 8 EnumerateCsg 算法对查询图中存在的所有连接子集只进行一次枚举构建。

证 假设 $\exists V'\subseteq V$，该子集被枚举构建了至少两次，如果存在多个这样的子集，选择 $|V'|$ 最小的子集。

Case 1：$|V'| = 1$。

由于 EnumerateCsg 算法在第一行枚举了所有只包括单节点的连接子集，EnumerateCsgRec 算法只是对每个节点进行扩展，得到的连接子集包括的节点数大于 1，而 EnumerateCsg 对所有单节点执行单回路操作，因此 V' 不能被重复构建。

Case 2：$|V'|>1$，EnumerateCsgRec 算法构建了该连接子集 V'，由定理 7 可知，两个一样的连接子集具有相同的初始节点，所以首次对 EnumerateCsgRec 算法的调用是相同的，约束节点 BL 是相同的。针对单节点的 EnumerateCsgRec 算法的调用不会产生重复连接子集。由于 $|V'|$ 是最小的，具有相同参数的 EnumerateCsgRec 算法调用不会产生相同的连接子集，则 $\exists S_1$，S_2，BL_1，$BL_2 \subseteq V$，$S_1 \neq S_2$，S_1，S_2，BL_1，BL_2 是 EnumerateCsgRec 算法通过相同的初始节点构建，EnumerateCsgRec(G, S_1, BL_1) 和 EnumerateCsgRec(G, S_2, BL_2) 枚举构建了相同的连接子集 V'。具有相同初始节点的 EnumerateCsgRec 算法有相同的调用路径，由于 $S_1 \neq S_2$，存在一个 EnumerateCsgRec 算法的调用路径，这个路径利用子集 $S_{1'}$、$S_{2'}$ 完成 S_1 和 S_2 子集的构建。而在这个过程中，约束子集 BL 是相同的，但是 $S_{1'} \neq S_{2'}$，因此 $\exists v \in (S_{1'} \cup S_{2'})$，$v \notin (S_{1'} \cap S_2) \land v \in BL$，进一步可以得到 $(v\in S_1 \land v\notin S_2) \lor (v\notin S_1 \land v\in S_2) \land v\in BL \rightarrow (v\in V') \land (v\notin V')$。

由 Case 1、Case 2 可见假设不成立。

定理 9 EnumerateCsg 算法是正确的。

证 由定理2、定理6和定理8可知EnumerateCsg算法是正确的。

定理 10 如果查询图G是有界图,则EnumerateCmp算法是有界遍历。

证 EnumerateCmp算法执行有限次数的循环迭代($|N_p|<|V|$),而每次迭代都先构建包括有限数量单节点的集合,并利用集合中的每个节点调用EnumerateCsg算法,而根据定理1,EnumerateCsg算法是有界遍历,因此EnumerateCmp算法是有界遍历。

对于具有n个节点的查询图G,在不考虑交集的情况下,有效连接子集或有效连接子图总数$csg(n)$对于不同算法是一致的,也就是说$csg(n)$的构建与算法无关,所以$csg(n)$不能用作评测算法好坏的参数,而在不考虑连接子集对(S_1,S_2)三种连接约束的情况下,构建的子集对数量InnerCounter则决定着算法的优劣程度。依据Oon和Lohman提供的一些计算公式,主要针对不同的查询图类型,给出了InnerCounter的数值计算公式。

(1)具有n个节点的链接查询。

$csg(n) = n(n+1)/1$

$$\text{InnerCounter}_{size-driven} = \begin{cases} 1/48(5n^4+6n^3-14n^2-12n), & n \text{ 是偶数} \\ 1/48(5n^4+6n^3-14n^2-6n+11), & n \text{ 是奇数} \end{cases}$$

$\text{InnerCounter}_{subset-driven} = 2^{n+2} - n^n - 3n - 4$

$\text{InnerCounter}_{ecs} = [(n+1)^3 - (n+1)^2 + 2(n+1)]/3$

(2)具有n个节点的环状查询。

$csg(n) = n^2 - n + 1$

$$\text{InnerCounter}_{size-driven} = \begin{cases} 1/4(n^4-n^3-n^2), & n \text{ 是偶数} \\ 1/4(n^4-n^3-n^2+1), & n \text{ 是奇数} \end{cases}$$

$\text{InnerCounter}_{subset-driven} = n2^n + 2^n - 2n^2 - 2$

$\text{InnerCounter}_{ecs} = n^3 - 2^2 + n$

(3)具有n个节点的星状查询。

$csg(n) = 2^{n-1} + n - 1$

$\text{InnerCounter}_{size-driven}$

$$= \begin{cases} 2^{2n-4} - 1/4 \binom{2(n-1)}{n-1} + q(n), & n \text{ 是偶数} \\ 2^{2n-4} - 1/4 \binom{2(n-1)}{n-1} + 1/4 \binom{n-1}{(n-1)/2} + q(n), & n \text{ 是奇数} \end{cases}$$

$\text{InnerCounter}_{subset-driven} = 2 \times 3^{n-1} - 2^n$

$\text{InnerCounter}_{ecs} = (n-1)2^{n-2}$

(4)具有n个节点的全连接查询。

$csg(n) = 2^n - 1$

$$\text{InnerCounter}_{\text{size-driven}} = \begin{cases} 2^{2n-2} - 5 \times 2^{n-2} + 1/4 \binom{2n}{n} - 1/4 \binom{n}{n/2} + 1, & n \text{ 是偶数} \\ 2^{2n-2} - 5 \times 2^{n-2} + 1/4 \binom{2n}{n} + 1, & n \text{ 是奇数} \end{cases}$$

$\text{InnerCounter}_{\text{subset-driven}} = 3^n - 2^{n+1} + 1$

$\text{InnerCounter}_{\text{ecs}} = 3^{n-2} - 2^{n+1} + 1$

利用上面的公式,针对 size-driven、subset-driven 以及 DPecg 三种算法,图 2.6 计算了包含不同数量关系表的四种类型查询的 InnerCounter,通过结果可以比较直观地获得如下信息:

- 对于链接和环状查找,size-driven 优于 subset-driven 算法。
- 对于星状和全连接查找,subset-driven 优于 size-driven 算法。
- 对于任意查询类型,DPecg 优于 subset-driven、size-driven 算法。

	Chain			Cycle		
n	subsize-driven	size-driven	Dpecg	subsize-driven	size-driven	Dpecg
2	2	1	1	2	1	1
3	10	9	4	12	12	6
4	32	29	10	46	44	18
5	84	73	20	140	120	40
6	198	150	35	374	261	75
7	438	278	56	924	504	126
8	932	470	84	2174	880	196
9	1936	750	120	4956	1440	288
10	3962	1135	165	11062	2225	405
	Star			Clque		
n	subsize-driven	size-driven	Dpecg	subsize-driven	size-driven	Dpecg
2	2	1	1	2	1	1
3	10	9	4	12	12	6
4	38	33	12	50	61	25
5	130	110	32	180	280	90
6	422	350	80	602	1171	301
7	1330	1175	192	1932	4795	966
8	4118	4116	448	6050	19265	3025
9	12610	15188	1024	18660	77052	9330
10	38342	57888	2304	57002	306991	28501

图 2.6 无连接约束的子集对数量

四、基于多核的自底向上连接枚举并行算法

本小节首先提出一种基本的自底向上连接枚举并行算法,简称为 BPEGeneric 算法。图 2.7 给出 BPEGeneric 算法的伪代码。多个线程并行执行 BPEGeneric 算法,每个线程通过 GetNextQSPair 获取 Ecs-pairs 构建的连接子集对,如果获取的连接子集对中互补子集为空,表明首位连接子集 s_1 只包括一个关系,应用 CreateTableAccessPlans 构建 s_1 的查询计划,否则启动 CreateJoinPlans,通过尝试连接方法、访问路径以及连接顺序等构建多个可选查询计划。最后 BPEGeneric 算法通过 PrunePlans 进行剪枝运行,即检测生产的连接子集对的所有查询计划,如果存在 QEP_1 和 QEP_2,QEP_2 的属性属于 QEP_1,并且 $cost(QEP_2) < cost(QEP_1)$,则删除构建的查询计划 QEP_1。

```
BPEGeneric算法
输入:具有n个关系的查询图G(V,E)={q₁, … ,q_N},Ecs-pairs(G)结果集ccp,
用于保存最优查询计划的同步全局变量MEMO
输出:最优查询树
1: loop
2:   aTomic{(qs₁,qs₂)←GetNextQSPair(ccp)}
3:   if qs₁∧qs₂=∅ then
4:      return;
5:   atomic {
6:      If CheckDependency(qs₁,qs₂) = true
         then retry;
7:   }
8:   if qs₂=∅ then /*qs₁一定是单节点*/
9:      newPlans←CreateTableAccessPlans(qs₁);
10:  else
11:     newPlans←CreateJoinPlans(MEMO[qs1], MEMO[qs2]);
12: PrunePlans(MEMO[qs₁ – qs₂], newPlans);
```

图 2.7 **BPEGeneric 算法**

由于 Ecs-pairs 算法构建的子集对都是有效连接的,因此不用进行子集以及子集之间的连接性判断,BPEGeneric 算法采用同步全局变量 MEMO 存储每个子集的最优查询计划,Intel 线程构建模块的并发 hash 表具有很好的扩展性,MEMO 表通过并发 hash 表形式进行查询计划存储,每个线程可以:

(1) 并发访问 MEMO 表;

(2) 通过添加以及删除操作,并发执行 MEMO 表。

在调用 CreateJoinPlans 以及 CreateTableAccessPlans 操作前,BPEGeneric 算法使用 CheckDependency 检测连接子集对的两部分 qs_1 或 qs_2 是否与其他线程执行的连接子集对 $(qs_{1'}, qs_{2'})$ 存在依赖关系,即检测 qs_1 或 qs_2 是否是 $qs_{1'} \cup qs_{2'}$ 的超集。例如,假设 Ta 线程正在处理连接子集对 $(q_1q_2q_3, q_4)$,而连接子集对 (q_1q_2, q_3) 正被 Tb 线程执行,这种情况下 Ta 处理的连接子集对中的 $q_1q_2q_3$ 没

有产生最优查询计划,即 MEMO 表中不存在子集 $q_1q_2q_3$ 的最优查询计划,因此 Ta 的 CreateJoinPlans 操作无法进行,必须等待 Tb 线程结束。

  W. S. Han 提出的 DPsva 算法将连接子集对按其包括的关系数从小到大进行分组,利用组间依赖、组内并行的原则,依据分组的先后顺序,将每组包含的连接子集对分配给多个线程,实现多线程的并行执行,这种方式可以实现线程工作量的均衡分配。但由于每个线程的工作量都很大,运行最慢的线程对性能的影响比较严重,而 BPEGeneric 算法采用与 DPsva 相反的连接子集对分配方式,每个线程的执行单元是一个连接子集对,最大的延迟时间是一个连接子集对的处理时间,延迟时间是可以忽略不计的。这种线程工作量的分配方式,在带来好处的同时也导致了一个问题,即每个线程需要对 GetNextQSPair、CheckDependency 以及 MEMO 进行同步操作。同时只能有一个线程执行 GetNextQSPair 操作,其他线程如果要执行 GetNextQSPair 操作,必须等待。当 Ta 线程执行连接子集对 qs 时,必须使用 CheckDependency 操作检测是否存在连接子集对 qs 依赖的连接子集对被其他线程执行。在查询计划构建的过程中,每个线程对全局变量 MEMO 的操作必须同步。

  针对上面存在的三个同步问题,进一步通过下面的三种方法对 BPEGeneric 算法进行改进,进而构建可以避免同步的自底向上连接枚举并行算法 DPEGeneric,即:

  (1)利用前面介绍的 Ecs-pairs 算法,分离连接子集对的构建和查询计划的构建,避免 GetNextQSPair 执行过程中的同步操作。

  (2)对 Ecs-pairs 算法构建的连接子集对集合,执行偏序重构分组,利用 DPsva 算法提出的组间依赖、组内并行的原则,避免对 CheckDependency 操作的冲突。

  (3)利用单线程 MEMO 避免查询计划构建过程中,对全局 MEMO 表的同步操作。

  在详细介绍 DPEGeneric 算法之前,首先对偏序重构分组概念进行介绍。为了避免线程执行的连接子集与其他线程执行的连接子集存在依赖关系,利用偏序重构方法,对 Ecs-pairs 算法构建的无序连接子集对执行重新分组,由于组内连接子集对不存在依赖关系,可以实现每一组内连接子集对的多线程并行操作。为了保证分组后与分组前构建的最优查询计划是相同的,需要通过几个定义,确保每个连接子集对的分组是正确的。

  定义 6 如果在连接子集对顺序 S 中,任意连接子集对仅仅对于其顺序前的连接子集对存在依赖关系,则连接子集对顺序 S 是有效的,否则,连接子集对顺序 S 是无效的。

  定义 7 如果对一个有效的连接子集对顺序 S 进行重排,可以得到另一个有效的连接子集对顺序,则该重排是有效的。

定义 8 对于包含多个组的无序集合上的一个偏序关系 P,拓扑排序组利用偏序关系 P 对无序集合执行拓扑排序,建立该无序集合多个组的全序组,并对获取的每个组,拓扑排序组进一步对其进行排序。

定理 11 存在包含多个组的无序集合上的一个偏序关系 P,拓扑排序组通过 P 构建的任何全序组都是有效的。

证 假设拓扑排序组构建了一个无效的顺序组 $S'=s_1 s_2 s_3 \cdots s_m$。

由前面的定义可得,存在 s_i 和 s_j,$j>i$,s_i 依赖 s_j。假设 G_1 和 G_2 是分别包括 s_i 和 s_j 的无序组。由于每个组内的条目是无序的,而且根据偏序性质,G_1 依赖 G_2。由于拓扑排序组对一组无序组执行拓扑排序,所以 G_2 中所有的条目一定都在 G_1 所有条目之前,这与假设相矛盾,定理成立。

一组无序组存在多个偏序方法,为了最好地发挥并行性,利用下面三个标准选择偏序方法:如果构建的全局解是优化解,支持提前结束;多线程环境下,维护偏序方法的成本最低;组间依赖等待时间最小。依据连接子集对进行分组的方法,连接子集对 (S_1, S_2) 存在下面三种偏序方法:

(1) 依据连接子集对两个子集的结合进行分组,即 $S_1 \cup S_2$,称每组为 RQS。

(2) 依据连接子集对中包含的关系数目进行分组,即 $|S_1|+|S_2|$,称每组为 SRQS。

(3) 依据连接子集对中包含的子集的最大关系数目进行分组,即 $\max(|S_1|, |S_2|)$,称每组为 SLQS。下面将分别介绍这三种偏序方法。

U_{RQS} 是 RQS 组集合,$\leqslant_{\text{RQS}}$ 表示 U_{RQS} 的二元关系,对于任意二元关系 (rqs $\leqslant_{\text{RQS}}$ rqs'),rqs 是 rqs' 的子集,$\leqslant_{\text{RQS}}$ 满足偏序关系的三个条件,$\leqslant_{\text{RQS}}$ 是偏序关系:①自反性:(rqs $\leqslant_{\text{RQS}}$ rqs);②反对称性:如果 rqs $\leqslant_{\text{RQS}}$ rqs',rqs' $\leqslant_{\text{RQS}}$ rqs,则 rqs=rqs';③传递性:对于 rqs、rqs' 和 rqs″,如果 rqs $\leqslant_{\text{RQS}}$ rqs',rqs' $\leqslant_{\text{RQS}}$ rqs″,则 rqs $\leqslant_{\text{RQS}}$ rqs″。图 2.9 给出了利用 $\leqslant_{\text{RQS}}$ 偏序关系对图 2.8 中的连接子集对进行分组的实例,构建方法如下:对于每个 Ecs-pairs 算法构建的连接子集对 (qs_1, qs_2),如果不存在 $S_1 \cup S_2$ 组 RQS,则创建 $S_1 \cup S_2$ 组,将连接子集对 (qs_1, qs_2) 添加到 $S_1 \cup S_2$ 组中,否则直接将 (qs_1, qs_2) 加入 $S_1 \cup S_2$ 组,并创建 qs_1 对应的组与 $S_1 \cup S_2$ 组的边,以及 qs_2 对应的组与 $S_1 \cup S_2$ 组的边。

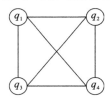

图 2.8 查询图 G

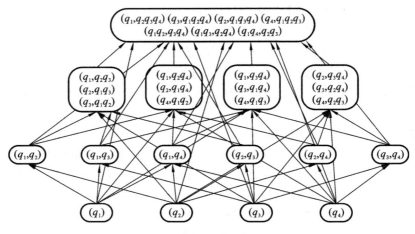

图 2.9 $\leqslant_{RQS}$ 偏序方法

依据选择偏序方法的三种方法对 $\leqslant_{RQS}$ 偏序关系进行正、反两个方面的讨论。具有所有关系的连接子集对被划分为一组并处于最上层，所以 $\leqslant_{RQS}$ 偏序关系不支持提前结束；考虑 $\leqslant_{RQS}$ 偏序方法的维护成本，如果线程 Ta 构建了 RQS 组的最优查询计划，则 Ta 线程需要删除 RQS 组所有输出边，并发的边的删除会带来相当高的同步成本；考虑延迟等待时间，只要 RQS 组所依赖的组完成最优查询计划的构建，就会发现 RQS 组没有输入边，RQS 组立刻会被多个线程同时执行，延迟等待时间很短。

U_{SRQS} 是 SRQS 组集合，$SRQS_i$ 表示 $|S_1|+|S_2|=i$ 的连接子集对集合，$\leqslant_{SRQS}$ 表示 U_{SRQS} 的二元关系，对于任意二元关系 ($SRQS_i \leqslant_{SRQS} SRQS_j$)，$i \leqslant j$，此二元关系满足偏序关系的三个条件，$\leqslant_{SRQS}$ 是偏序关系：① 自反性：($SRQS_i \leqslant_{SRQS} SRQS_i$)；② 反对称性：如果 $SRQS_i \leqslant_{SRQS} SRQS_j$，$SRQS_j \leqslant_{SRQS} SRQS_i$，则 $SRQS_i = SRQS_j$；③ 传递性：$SRQS_i \leqslant_{SRQS} SRQS_j$，$SRQS_j \leqslant_{SRQS} SRQS_k$，则 $SRQS_i \leqslant_{SRQS} SRQS_k$。图 2.10 给出了利用 $\leqslant_{SRQS}$ 偏序关系对图 2.8 中的连接子集对进行分组的实例，构建方法如下：对于具有 n 个关系的查询，首先创建 n 个 SRQS 组，如果 $i+1 \leqslant j \leqslant n$，则添加 $SRQS_i$ 到 $SRQS_j$ 的边，对于每个 Ecs-pairs 算法构建的连接子集对 (qs_1, qs_2)，将 (qs_1, qs_2) 添加到 $SRQS_{|S_1| \cup |S_2|}$。依据选择偏序方法的三种方法对 $\leqslant_{RQS}$ 偏序关系进行正、反两个方面的讨论。与 $\leqslant_{RQS}$ 一样，由于具有所有关系的连接子集对被划分为一组并处于最上层，$\leqslant_{SRQS}$ 不支持提前结束；由于仅需要依据 i 从小到大的顺序访问 $SRQS_i$ 组，$\leqslant_{SRQS}$ 维护成本可以忽略不计；同组内所有连接子集对都是可以并发执行的，不需要同步操作，延迟等待时间短。

U_{SLQS} 是 SLQS 组集合，$SLQS_i$ 表示 $i = \max(|S_1|, |S_2|)$ 的连接子集对 (S_1, S_2) 集合，$SLQS_0$ 表示单节点集合，$\leqslant_{SLQS}$ 表示 U_{SLQS} 的二元关系，对于任意二元关

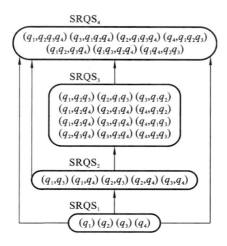

图 2.10　$\leqslant_{SRQS}$ 偏序方法

系($SLQS_i \leqslant_{SLQS} SLQS_j$), $i \leqslant j$, 其关系满足偏序关系的三个条件, $\leqslant_{SLQS}$ 是偏序关系: ①自反性, ($SLQS_i \leqslant_{SLQS} SLQS_i$); ②反对称性: 如果 $SLQS_i \leqslant_{SLQS} SLQS_j$, $SLQS_j \leqslant_{SLQS} SLQS_i$, 则 $SLQS_i = SLQS_j$; ③传递性: $SLQS_i \leqslant_{SLQS} SLQS_j$, $SLQS_j \leqslant_{SLQS} SLQS_k$, 则 $SLQS_i \leqslant_{SLQS} SLQS_k$。图 2.11 给出了利用 $\leqslant_{SLQS}$ 偏序关系对图 2.8 中的连接子集对进行分组的实例, 构建方法和 SLQS 偏序方法相似, 对每个

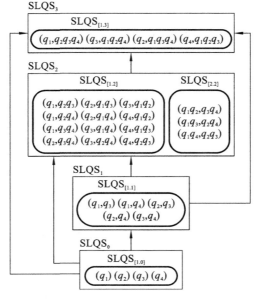

图 2.11　$\leqslant_{SLQS}$ 偏序关系

Ecs-pairs 算法构建的连接子集对 (S_1,S_2)，如果 S_2 不为空，则将 (S_1,S_2) 加入 $SLQS_{\max(|S1|,|S2|)}$ 组，否则将其加入 $SLQS_0$。并进一步通过 $j=\min(|S_1|,|S_2|)$ 对每组 $SLQS_i$ 分组，构建 $SLQS_{[j,i]}(j\leqslant i)$，$SLQS_{[1,0]}$ 作为特例用于保存所有单节点。

依据选择偏序方法的三种标准，对 $\leqslant_{SLQS}$ 偏序关系进行正、反两个方面的讨论。与 SRQS 和 RQS 不同，SLQS 支持提前结束，假设查询有 N 个关系，组 $SLQS_{(\lceil N-N/2 \rceil,\lceil N/2 \rceil)}$ 中的所有连接子集对都包含所有的关系，如果通过 $SLQS_{(\lceil N-N/2 \rceil,\lceil N/2 \rceil)}$ 构建的全局查询计划是优化的，则可实现提前结束，其他两项与 SRQS 的相同。可见 $\leqslant_{SLQS}$ 偏序关系对于构建并行算法是最优的，所以在 DPEGeneric 算法中，依据 $\leqslant_{SLQS}$ 偏序关系，对 Ecs-pairs 算法构建的连接子集对集合进行拓扑排序组重构。

为了实现连接子集对集合的拓扑排序组重构，需要对构建的 SLQS 组进行缓冲。利用支持多核的并行队列构建存储连接子集偏序组，为每个 $SLQS_{[j,i]}$ 分配一组缓冲区 $B_{[j,i]}$，依据各组 $SLQS_i$ 之间的性质，缓冲区 $B_{[*,i]}$ 也具有组间依赖、组内并行的特性。缓冲区 $B_{[j,i]}$ 存在两种操作：Push 和 Pop。依据 $\leqslant_{SLQS}$ 偏序关系，Push 操作将 Ecs-pairs 算法构建的连接子集对 (qs_1,qs_2) 放入缓冲区 $B_{[\min(|qs_1|,|qs_2|),\max(|qs_1|,|qs_2|)]}$，由于连接子集对的生成和查询计划的构建是分离的，所以对于 Push 操作，不用进行同步。Pop 操作实现多线程对于 $B_{[*,i]}$ 中连接子集对的获取，由于多线程同时获取，所以需要对 Pop 操作进行同步。图 2.12 所示的为 DPEGeneric 算法。主线程启动 DPEGeneric 算法，EnumAndBuildPartialOrder 将 Ecs-pairs 算法构建的连接子集对集合依据 $\leqslant_{SLQS}$ 偏序关系进行拓扑排序组构建，使用缓冲区 B 存储偏序组，变量 MAXENU 用于控制每次处理的连接子集对数量。多个线程并行调用 GenerateQEPs 函数，实现连接子集对的查询计划的构建。当 $SLQS_i$ 组中所有连接子集对处理完后，主线程通过 MergeAndPrunePlans 合并多个线程生成的查询计划，并建立查询子集的最优查询计划。

尽管 DPEGeneric 算法避免了 BPEGeneric 算法三个同步问题，但是仍存在几个问题需要解决。首先是连接子集对构建与查询计划构建之间的延迟问题。这个问题可以通过 Yannis 提出的数据流并行技术进行优化。主要是将主线程作为生产者提供并缓冲 MAXENU 个连接子集对，而其他执行线程作为消费者，构建这些连接子集对的最优查询计划，同时主线程利用数据流技术，递归构建并缓冲另外 MAXENU 个连接子集对，在不存在可取的连接子集对时，主线程归入消费线程构建查询计划。

其次，尽管 DPEGeneric 算法利用单线程的 memo，解决了查询计划过程对 MEMO 操作的同步冲突问题，但在线程级 memo 合并时，全局 MEMO 仍存在

```
DPEGeneric 算法
输入:
G:具有N个关系的查询图
MEMO:全局非同步变量
memo_t:用于存储线程t执行结果的局部变量
输出:最优查询树
Variable buffer B
ccp←Ecs-pairs(G);
1: loop
2:   e←EnumAndBuildPartialOrder(ccp,B,≤_{SLQS},MAXENU);
3:   if e = NO_MORE_PAIR then break;
4:   for i←0 to N-1
5:     for t←1 to m /*m个线程并行执行*/
6:       pool.SubmitJob(GenerateQEPs(B[*,i],memot));
7:     pool.Sync();
8:   MergeAndPrunePlans(MEMO, {memo1,...,memom});
9: return MEMO[q_1 ... q_N];

Function GenerateQEPs(B[*,i],memot)
1: j←1;
2: repeat
3: loop
4:   atomic {(qs_1, qs_2, e)← Pop(B[j,i]);}
5:   if e = NO_MORE_PAIR then break;
6:   if qs_2 = ∅ then
7:     newPlans←CreateTableAccessPlans(qs_1);
8:   else
9:     newPlans←CreateJoinPlans(MEMO[qs_1], MEMO[qs_2]);
10:  PrunePlans(memot[qs_1∪qs_2],newPlans);
11: j←j + 1;
12:until j≤i and j + i≤N
```

图 2.12 DPEGeneric 算法

同步操作。要进一步解决这个问题,构建完全不存在任何同步操作的全局 MEMO,需要先对传统的 MEMO 表结构进行介绍。传统优化器的 MEMO 表通过连接的哈希表实现,当哈希链的长度大于阈值时,依据不同哈希函数以及哈希表容量,MEMO 表能动态地进行重构。每个哈希散列桶对应 MEMO 表的一个连接子集,并存在指针指向其查询计划。图 2.13 所示的为传统 MEMO 表结构。在传统 MEMO 表中存在两种不同的链:Hash 链、查询计划链。这两种类型的链是解决 MEMO 同步操作的关键,可以通过消除这两种链的同步操作,实现不存在任何同步操作的全局 MEMO 的构建。

(1)非同步查询计划链实现。

定义 9 对于连接子集对(qs_1,qs_2)集合,所有与 $qs_1 \cup qs_2$ 相等的连接子集称为逻辑等价连接子集,由逻辑等价连接子集构成的集合称为逻辑等价组。

假设线程 T_a、T_b 同时分别执行连接子集对(qs_1,qs_2)和($qs_{1'}$,$qs_{2'}$),并且(qs_1,qs_2)∈$B_{[j,i]}$,($qs_{1'}$,$qs_{2'}$)∈$B_{[j',i]}$。如果 $j \neq j'$,由于 $|qs_1 \cup qs_2| \neq |qs_{1'} \cup qs_{2'}|$,所以 T_a、T_b 在执行 PrunePlans 过程中,实现的是不同查询计划链的更新,不会

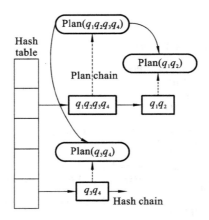

图 2.13　MEMO 表

出现查询计划链的同步操作。如果 $j=j'$，但 $qs_1 \cup qs_2 \neq qs_{1'} \cup qs_{2'}$，同理不会出现查询计划链的同步操作。

可见对于查询计划链的同步操作只发生在 $qs_1 \cup qs_2 = qs_{1'} \cup qs_{2'}$ 的情况，针对这种情况，只要执行的线程不同时访问逻辑等价连接子集，就能保证避免查询计划链的同步操作，具体操作如下：依据逻辑等价连接子集对 $B_{[j,i]}$ 中的连接子集对集合进一步分组，将所有逻辑等价连接子集对归为一组，在线程执行缓冲区中的连接子集对时，使不同的线程去执行不同逻辑等价组中的连接子集。

（2）非同步 Hash 链实现。

为了实现查询计划构建过程中，消除 Hash 链的同步操作，将缓冲区中存储的连接子集对改成如下形式：$(m[qs_1 \cup qs_2], m[qs_1], m[qs_2])$，$m[qs]$ 代表连接子集 qs 的内存地址。通过这种方式，在构建查询计划过程中，线程直接访问连接子集对的左右子集的内存地址，而不需要通过 Hash 链进行访问，从而避免了 Hash 链的同步操作。

最后一个问题，由于缓冲区之间存在依赖关系，两个缓冲区组 $B_{[*,i]}$ 和 $B_{[*,j]}$，$i>j$，线程必须在处理完 $B_{[*,j]}$ 中所有的连接子集对后，才能处理 $B_{[*,i]}$ 中的连接子集对，即使 $B_{[*,i]}$ 中存在连接子集对，其需要的两个子集的最优查询计划已经存在于 MEMO 中。

定义 10　缓冲区 $B_{[*,i]}$ 和 $B_{[*,j]}$，$i>j$，如果所有小于 j 的缓冲区中的连接子集对已被处理完，则称 $B_{[*,j]}$ 是非依赖缓冲区，而 $B_{[*,i]}$ 称为依赖缓冲区。

定义 11　缓冲区 $B_{[*,i]}$ 和 $B_{[*,j]}$，$i>j$，$B_{[*,j]}$ 为非依赖缓冲区，如果 $B_{[*,i]}$ 中存在连接子集对 $(m[qs_1 \cup qs_2], m[qs_1], m[qs_2])$，$m[qs_1]$ 和 $m[qs_2]$ 的最优查询计划已经被构建，则该连接子集对称为非依赖连接子集对。

如果存在空闲线程，则可以利用空闲线程构建非依赖连接子集对的查询计划,而不用等待 $B_{[*,j]}$ 中所有的连接子集对处理完。

可见构成连接子集对中左右子集的最优查询计划的判断,是判断非依赖连接子集对的关键。而子集最优查询计划的判断,可以通过查看构成该子集的逻辑等价组是否已经处理完来实现,具体操作如下:在逻辑等价组 $qs_1 \cup qs_2$ 添加一个字段 Numenty,用于维护其包括的连接子集对数量。在主线程使用 Push 操作将 $(m[qs_1 \cup qs_2], m[qs_1], m[qs_2])$ 连接子集对放入缓冲区时,通过硬指令执行 Numenty=Numenty+1。在查询计划构建过程中,线程在调用逻辑等价组 $qs_1 \cup qs_2$ 中连接子集对的同时,过硬指令执行 Numenty=Numenty-1。如果一个逻辑等价组 $qs_1 \cup qs_2$ 的 Numenty 等于 0,则证明子集 $qs_1 \cup qs_2$ 的最优查询计划已经构建完成,并存储在 MEMO 表的 Plan($qs_1 qs_2$) 中。通过这种方法,存在空闲线程时,利用空闲线程检查依赖缓冲区中是否存在非依赖连接子集对,如果存在,则执行非依赖连接子集对,构建其查询计划。

第三节 自顶向下枚举优化算法研究

一、自顶向下动态规划枚举算法

基于成本的查询优化器是数据库管理系统的核心技术,现有的商用数据库管理系统的查询优化器大多数都采用自底向上的枚举算法。这种优化器传统上在执行数据库查询的物理优化之前,先要实现数据库查询的逻辑优化,而 Graef 在其设计的查询优化器中首先提出了自顶向下的枚举优化算法的思想,并实现了 Volcano/Cascades 自顶向下的枚举算法。Volcano/Cascades 自顶向下的枚举算法实现了逻辑优化和物理优化的无缝连接,Volcano/Cascades 自顶向下的动态规划枚举算法的基本思想:首先利用查询语句引用到的所有关系表来表示数据库查询,并根据逻辑转换规则将所有关系表分解为逻辑上相等的多个表达式,每个逻辑表达式再根据物理转换规则,转换成多个物理表达式,递归这个过程,直到所有物理表达式为单表;其次自底向上依次计算每个分支子查询的成本,保留具有最优的成本的子查询,在最优查询计划构建的过程中,利用部分已构建的子查询计划的成本信息,设计查询成本信息的阈值,从而实现了其他子查询计划构建中剪枝技术的应用,剪枝技术避免了多余子查询计划的构建,减少了搜索空间,提高了查询性能。而自底向上的枚举算法在构建较大子查询的查询计划前,必须构建所有的较小子查询的查询计划,每一个子问题的求解依靠更低一层的子问题，即自底向上逐层地实现查询计划的构建，所以自底向上的枚举算法不能提供查询问题的部分解的信息，无法设计查询成本信息的阈值，进而在自底向上的枚举算法中无法实现剪枝技术。

逻辑操作符用于表示抽象功能，连接输入操作和输出操作，不涉及具体的操作算法，而物理操作符则表示输入和输出之间具体的匹配算法。在查询语句的逻辑表达式转化成物理表达式的过程中，需要用到物理操作符来表示物理表达式，这里仅仅考虑比较常用的表间连接操作算法以及单表操作算法。逻辑操作符 $\bowtie$ 用于表示连接操作，实现两个表的连接及连接后的输出，有三种物理操作算法具体实现这个逻辑连接操作，分别是 $\bowtie_M$、$\bowtie_N$ 和 $\bowtie_H$，$\bowtie_N$ 是嵌套循环算法，$\bowtie_M$ 是 SORT-MERGE 算法，$\bowtie_H$ 是 HASH 算法。逻辑操作符 GET(A) 用于表示单表数据获取操作，其中 A 用于表示被扫描的数据表，GET(A) 的输入是单表，输出是输入表的数据元组集，逻辑操作符 GET(A) 存在两种具体的物理操作算法：FILE_SCAN(A) 和 INDEX_SCAN(A)，分别表示存在索引以及不存在索引的表数据获取算法。数据表的很多物理特性是决定优化的关键，如排序及压缩。例如，SORT-MERGE 算法 $\bowtie_M$ 需要两个输入表在连接属性上是可排序的。

依据查询表达式中每个操作的种类，图 2.14 给出了逻辑表达式及物理表达式的例子。我们称所有的操作节点都是物理操作符的查询表达式为查询语句的查询执行计划，图 2.14(b) 就是一个查询执行计划。在现有的数据库管理系统中，查询优化器的输入是查询语句的逻辑表达式以及查询语句中包含的物理特性，而查询优化器的输出或者目标是构建优化的查询执行计划。最优的查询执行计划是逻辑表达式与原始查询语句相等的，并且是具有最优执行成本的逻辑表达式的物理表达式。由于查询语句的可选查询执行计划数量可能非常大，因此自顶向下连接枚举算法采用与自底向上连接枚举算法相同的 MEMO 存储优化的查询执行计划，MEMO 存储原则是对于一个优化的查询计划，其子查询计划本身也是优化的，因此在最优查询计划构建的过程中，如果一个查询计划中具有相同物理特性的子查询计划不是最优的，则默认该查询计划不是优化的，可以不考虑，这种方法有效地减少了可选查询执行计划的数量。

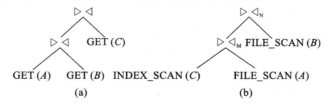

图 2.14　逻辑表达式及物理表达式

对于一组关系表,其具有相同物理特性的、逻辑上相等的多个表达式称为逻辑等价组。查询优化过程中,针对一组关系表,首先查询优化器将其转换成逻辑等价组集,然后构建逻辑等价组中每个逻辑表达式的物理等价组,最后选取具有最小查询成本的物理表达式,作为一组关系表的最优查询执行计划。图 2.15 给出了关系组 $[ABC]$ 的逻辑等价组集,以及逻辑表达式 $A \bowtie [BC]$ 的物理等价组的例子,$[AB] \bowtie C$ 表示了图 2.14(a) 所示的逻辑表达式。

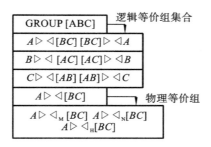

图 2.15 物理及逻辑等价组

图 2.16 所示的为自顶向下连接枚举算法。OptimalGroupInput 是这个算法的核心内容,OptimalGroupInput 目标是通过依次计算输入组的逻辑表达式的所有物理表达式的查询成本,构建输入组的最优查询计划。针对一个包括查询图所有关系的组,首先通过遍历已构建的最优查询计划 Winner,检查是否满足特性和成本阈值的关系组的最优查询计划是否已构建(line 1),若存在则返回

```
OptimalGroup算法
输入:关系组,特性Prop,阈值UB
输出:具有最小查询成本的物理表达式
1: if there is a winner in the winner's circle of Grp, for Properties Prop
2:    if the cost of the winner is less than UB
3:      return the winner;
4:    else return NULL;
5: WinnerSoFar = NULL
6: PExpr=ConstructPhysicalexpression(Group);
7: for each enumerated logical expression OExpr for Group
8: for each enumerated physical expression PExpr of OExpr
9:   LB = cost of root operator of PExpr;
10:  if UB <= LB then go to (7)
11:  for each input of PExpr
12:    input-group = group of current input
13:    input-prop = properties to produce Prop from current input
14:    InputWinner = OptimizeGroup(input-group, input-prop, UB -LB)
15:    If InputWinner is NULL then go to (7)
16:    LB += cost of InputWinner
17:  Use the cost of PExpr to update WinnerSoFar and UB;
18: Place WinnerSoFar in the winner's circle of Grp, for Property
    Prop Return WinnerSoFar
```

图 2.16 Volcano/Cascades 核心算法

最优查询计划(line 3),否则依次计算每个逻辑等价组集合中逻辑等价组的每个逻辑表达式的查询成本,构建最优查询计划。对于每个物理表达式(line 8),首先计算连接左右逻辑表达式的物理操作符的成本(line 9),如果物理操作符的成本大于阈值上限,则选择逻辑表达式的其他物理表达式(line 8)进行计算,否则以递归的方式,分别考虑物理表达式的两个左右关系组(line 11)。对于满足阈值和特性的物理表达式,使用查询解成本以及物理表达式分别对查询成本阈和局部最优查询计划 WinnerSoFar 进行更新(line 17)。

二、支持非内连接的自顶向下枚举算法

基于内连接的查询在不考虑笛卡尔积的情况下,可以自由地对连接顺序进行重排,即任意连接重排构建的查询语句与原查询语句等价。而当查询语句中包含外连接以及反连接时,由于混合这三种连接类型的连接重排不具有任意性,即存在连接重排构建查询语句与原查询语句不等价,所有重排的情况会变得很复杂。Goetz Graefe 等只对存在外连接的查询语句重排进行了研究,没有考虑存在反连接的查询语句重排问题,并且对存在外连接的查询语句重排问题的研究存在如下的局限性:

(1)不考虑存在笛卡尔积的查询语句,即查询语句的查询图具备全连接特性。

(2)谓词局限约束为 null-intolerant。对于谓词 p,如果任意引用表中的连接属性上存在 null 值, p 为假, 称 p 是 null-intolerant, 否则谓词 p 称为 null-tolerant。在大多数 SQL 语句中,比较谓词、LIKE 谓词以及 IN 谓词是 null-intolerant,IS NULL 和 IS NOT TRUE 谓词是 null-tolerant。

为了扩展查询优化器的功能,使其能够对混合了三种连接类型的数据库查询进行优化,需要重新对三种连接类型的概念进行考虑分析。每个连接谓词都与相称表进行关联,通常情况下,谓词相称表仅仅包括谓词中引用的表,在查询树执行过程中,在不考虑笛卡尔积的情况下,查询优化器通过判读谓词相称表是否已执行的子查询计划的子集,来决定这个谓词是否可以执行。而为了解决包含非内连接的查询语句的连接重排问题,需对谓词相称表进行扩展。谓词扩展相称表是在谓词相称表的基础上,扩展添加了与谓词相冲突的表。利用谓词相称表的初始谓词扩展相称表,在此基础上,谓词扩展相称表进一步考虑了谓词之间的冲突问题,直观地描述了查询语义,查询优化器利用连接谓词扩展相称表重构查询语句,避免了连接重排的不等价查询语句的构建。在分析如何构建谓词扩展相称表之前,先给出三种连接的定义。

定义 12 对于关系表 R 和 S,内连接定义如下:

$R \overset{\text{Prs}}{\bowtie} S = \{(r,s) \mid r \in R, s \in S, \text{Prs}(r,s) \text{ is true}\}$

定义 13 对于关系表 R 和 S,单边外连接定义如下:

$R \overset{\text{Prs}}{\longrightarrow} S = \{(r,s) \mid r \in R, s \in S, \text{Prs}(r,s) \text{ is true}\} \bigcup \{(r, \text{null}) \mid r \in R$ and no row of S satisfies $\text{Prs}(r,s)\}$

$R \overset{\text{Prs}}{\longleftarrow} S = \{(r,s) \mid r \in R, s \in S, \text{Prs}(r,s) \text{ is true}\} \bigcup \{(s, \text{null}) \mid s \in S$ and no row of R satisfies $\text{Prs}(r,s)\}$

定义 14 对于关系表 R 和 S,反连接定义如下:

$R \overset{\text{Prs}}{\triangleright} S = \{r \in R \mid \text{no row of } S \text{ satisfies Prs}(r,s)\}$

$R \overset{\text{Prs}}{\triangleleft} S = \{s \in S \mid \text{no row of } R \text{ satisfies Prs}(r,s)\}$

定义 15 对于关系表 R 和 S,双边外连接定义如下:

$R \overset{\text{Prs}}{\longleftrightarrow} S = (R \overset{\text{Prs}}{\longrightarrow} S) \bigcup ((R \overset{\text{Prs}}{\triangleleft} S) \times \{\text{null}\})$

基于这些定义,通过计算可以得到涉及内连接、外连接及反连接的 null-intolerant 谓词的有效和无效查询语句重构规则集合,查询语句重构规则主要是连接组合规则和连接冲突规则。

单边外连接查询语句重构冲突规则:

$R \overset{\text{Prs}}{\longrightarrow} (S \overset{\text{Pst}}{\bowtie} T) \neq (R \overset{\text{Prs}}{\longrightarrow} S) \overset{\text{Pst}}{\bowtie} T \quad R \overset{\text{Prs}}{\longleftarrow} (S \overset{\text{Pst}}{\bowtie} T) \neq (R \overset{\text{Prs}}{\longleftarrow} S) \overset{\text{Pst}}{\bowtie} T$

单边外连接查询语句重构组合规则:

$(R \overset{\text{Pst}}{\bowtie} S) \overset{\text{Prs}}{\longrightarrow} T = R \overset{\text{Pst}}{\bowtie} (S \overset{\text{Prs}}{\longrightarrow} T) \quad (R \overset{\text{Prs}}{\longrightarrow} S) \overset{\text{Prs}}{\longrightarrow} T = R \overset{\text{Prs}}{\longrightarrow} (S \overset{\text{Prs}}{\longrightarrow} T)$
$R \overset{\text{Pst}}{\longrightarrow} (S \overset{\text{Prs}}{\longrightarrow} T) = (R \overset{\text{Pst}}{\longrightarrow} S) \overset{\text{Prs}}{\longrightarrow} T$
$(R \overset{\text{Pst}}{\longleftarrow} S) \overset{\text{Prs}}{\longrightarrow} T = R \overset{\text{Pst}}{\longleftarrow} (S \overset{\text{Prs}}{\longrightarrow} T) \quad (R \overset{\text{Pst}}{\longleftarrow} S) \overset{\text{Prs}}{\longleftarrow} T = R \overset{\text{Pst}}{\longleftarrow} (S \overset{\text{Prs}}{\longleftarrow} T) \quad (R \overset{\text{Pst}}{\triangleleft} S) \overset{\text{Prs}}{\longrightarrow} T = R \overset{\text{Pst}}{\triangleleft} (S \overset{\text{Prs}}{\longrightarrow} T)$

$(R \overset{\text{Pst}}{\triangleright} S) \overset{\text{Prs}}{\longrightarrow} T$ 是不允许的 $\quad (R \overset{\text{Pst}}{\longrightarrow}) S \overset{\text{Prs}}{\longleftarrow} T$ 是不允许的

反连接查询语句重构冲突规则:

$R \overset{\text{Pst}}{\triangleright} (S \overset{\text{Prs}}{\bowtie} T) \neq (R \overset{\text{Pst}}{\triangleright} S) \overset{\text{Prs}}{\bowtie} T \quad R \overset{\text{Pst}}{\triangleright} (S \overset{\text{Prs}}{\longrightarrow} T) \neq (R \overset{\text{Pst}}{\triangleright} S) \overset{\text{Prs}}{\longrightarrow} T$
$(R \overset{\text{Pst}}{\longrightarrow} S) \overset{\text{Prs}}{\triangleright} T \neq R \overset{\text{Pst}}{\longrightarrow} (S \overset{\text{Prs}}{\triangleright} T) \quad R \overset{\text{Pst}}{\triangleright} (S \overset{\text{Prs}}{\triangleright} T) \neq (R \overset{\text{Pst}}{\triangleright} S) \overset{\text{Prs}}{\longrightarrow} T$

反连接查询语句重构组合规则:

$(R \overset{\text{Pst}}{\bowtie} S) \overset{\text{Prs}}{\triangleright} T = R \overset{\text{Pst}}{\bowtie} (S \overset{\text{Prs}}{\triangleright} T) \quad (R \overset{\text{Pst}}{\triangleright} S) \overset{\text{Prs}}{\longleftarrow} T$ 是不允许的
$(R \overset{\text{Pst}}{\longleftarrow} S) \overset{\text{Prs}}{\triangleright} T = R \overset{\text{Pst}}{\longleftarrow} (S \overset{\text{Prs}}{\triangleright} T)$
$(R \overset{\text{Pst}}{\triangleleft} S) \overset{\text{Prs}}{\triangleright} T$ 是不允许的 $\quad (R \overset{\text{Pst}}{\triangleright} S) \overset{\text{Prs}}{\triangleleft} T$ 是不允许的

内连接查询语句重构组合规则:
$(R \overset{Pst}{\bowtie} S) \overset{Prs}{\bowtie} T = R \overset{Pst}{\bowtie} (S \overset{Prs}{\bowtie} T)$ $(R \overset{Pst}{\leftarrow} S) \overset{Prs}{\bowtie} T = R \overset{Pst}{\leftarrow} (S \overset{Prs}{\bowtie} T)$
$(R \overset{Pst}{\triangleleft} S) \overset{Prs}{\bowtie} T = R \overset{Pst}{\triangleleft} (S \overset{Prs}{\bowtie} T)$ $(R \overset{Pst}{\triangleright} S) \overset{Prs}{\bowtie} T$ 是不允许的

内连接和任意连接类型都不存在冲突。

针对一个连接谓词,将其左、右两方向分别称为 Preserving side 和 null-producing side。对于创建的冲突规则和组合规则进行归纳总结,可以得到三种连接谓词的冲突语义规则描述,如图 2.17 所示。冲突语义规则描述了三种类型连接谓词之间的冲突信息。内连接、外连接及反连接在 Preserving side 和 null-producing side 方向都不存在冲突;外连接在 null-producing side 方向与反连接及内连接存在冲突;反连接在 null-producing side 方向与内连接、外连接以及反连接都存在冲突,而在 Preserving side 方向与外连接的 Preserving side 存在冲突。

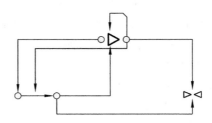

图 2.17 三种类型连接谓词的冲突语义规则

通过归纳的冲突语义规则,对谓词相称表进行扩展,构建谓词扩展相称表。NS 用于表示谓词相称表,即谓词引用的表集合。ES 用于表示谓词扩展相称表,即在谓词引用的表集合基础上,通过添加与其发生冲突的表,进一步描述查询语句的谓词冲突信息。$ref(p)$ 表示谓词 p 的引用的一组数据表集合,$ref(nullproducting(p))$ 和 $ref(preserving(p))$ 分别表示谓词 p 在 preserving side 和 null-producing side 方向引用的表集合。$set\_outerjoin(T)$ 集合包括所有与表 T 直接相连并且连接谓词为内连接或反连接类型。$set\_antijoin(T)$ 集合是指关系 T 以及所有通过外连接连接到 T 的外连接谓词非箭头方向的关系表集合。利用 NS 初始化 ES,初始化的 $set\_outerjoin$ 和 $set\_antijoin$ 集合只包括关系表本身。图 2.18 所示的为扩展谓词相称表的构建算法 GetES。

通过下面的例子对扩展谓词相称表的构建算法进行比较直观的说明。在这个例子中,谓词 Prs 的扩展谓词相称表 ES 是 $\{R,S,T\}$,所以谓词 Pst 必须在谓词 Prs 之前实现。谓词 Puv 的扩展谓词相称表 ES 是 $\{R,T,U,V\}$,因此谓词 Puv 仅能最后考虑实现。依据 ES 集合,$((R,((S,T),U)),V)$ 是有效的连接谓词重排,即其是与原查询语句等价的重构。

```
GetES算法
输入:具有n个关系的连接查询图G(V,E)={R₁,…,Rₙ}
输出:连接谓词的NS和ES集合
1  Loop            //for each join predicate p
2    if p is inner join or antijoin
3      for each relation r ref(p)
4        s=s+ set_outerjoin(r);
5      for each member of s
6        set the set_outerjoin of the member to be s
7    if p is outerjoin
8      for each relation r in ref(nullproducting(p))
9        v=v+set_outerjoin(r);
10     set the ES of p to be v
11     for each relation r in ref(preserving(p))
12       u=u+ set_antijoin(r);
13     for each relation r ref(nullproducting(p))
14       add all the tables in u to the set_antijoin(r);
15   if p is antijoin
16     for each r in ref(preserving(p))
17       w=w+ set_antijoin(r);
18     set the ES of p to be w
```

图 2.18 扩展谓词相称表的构建算法

Example $((R \xrightarrow{\text{Prs}} (S \triangleright\triangleleft t)) \xrightarrow{\text{Ptu}} U) \triangleright^{\text{Pst}} V$

	R	S	T	U	V
Set_outerjoin	{R}	{S,T}	{S,T}	{U}	{V}
Set_antijoin	{R}	{R,S}	{R,T}	{R,T,U}	{V}

	NS	ES
Prs	{R,S}	{S,T,R}
Pst	{S,T}	{S,T}
Ptu	{T,U}	{S,T,U}
Puv	{U,V}	{R,T,U,V}

在对查询语句构建扩展谓词相称表 ES 的基础上,将 ES 应用到自顶向下枚举算法中,用于判断包含非内连接的查询重构是否正确。使用上面的例子,图 2.19 所示的为利用 ES 判读查询重构正确性在自顶向下枚举优化算法中的实现过程。外面的曲线是自顶向下枚举算法的遍历过程,应用 ES 的过程沿着曲线判断相邻的两个位置的重排正确性,在图 2.19 中存在三个长方形,分别是 A、B 和 C,每个长方形有两个需要判断的谓词,对于相邻的谓词 P_1 和 P_2,P_2 在 P_1 前被实现,P_1 是当前需要实现的谓词,如果 $ES(P_1) \subseteq ES(P_2) \cup NS(P_1)$,则查询语句谓词的执行谓词顺序是正确的,否则连接重排是错误的,停止自顶向下枚举遍历,查询选择包含所有关系的逻辑等价组执行自顶向下枚举算法。依据自顶向下枚举算法的遍历过程,得检测顺序是 A→B→C。

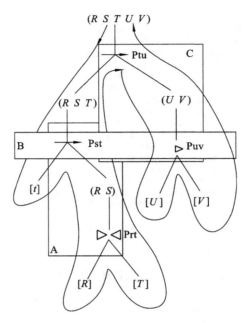

图 2.19 ES 在自顶向下枚举优化算法中的应用过程

三、基于逻辑转换优化的并行自顶向下枚举算法

自顶向下枚举算法将包含多个关系表的关系组转换成逻辑表达式集合,这个过程称为逻辑转换。传统的自顶向下枚举算法的逻辑转换是依据逻辑转换规则随机产生的,并且每次都需要使用查询图特性来控制笛卡尔积的产生,这种逻辑转换方式对于全连接查询图非常有效,而对于非全连接的查询图,会产生很多无效的逻辑表达式,特别是造成笛卡尔积重复判断。例如,对于线性查询 $A \bowtie_{Pab} B \bowtie_{Pbc} C$,在逻辑转换过程中会产生无效的逻辑表达式 $[A \bowtie C] \bowtie B$,并且对于逻辑表达式 $A \bowtie_{Pab} [B \bowtie_{Pbc} C]$ 和 $[A \bowtie_{Pab} B] \bowtie_{Pbc} C$,会出现关系 B 和关系 C 的笛卡尔积的重复判断。为了解决这些问题,提高传统的自顶向下枚举算法的逻辑转换性能,可以依据前面提出的连接子集对优化构建算法对查询图进行遍历,实现连接子集对集合,并依据 $\leqslant_{SRQS}$ 偏序方法对构建连接子集对集合进行分组。例如,图 2.20 给出了利用 $\leqslant_{SLQS}$ 偏序关系对查询图 2.8 中的连接子集对进行分组的实例,箭头表示了自顶向下枚举算法中组间的依赖关系。

为了进一步提高关系组到逻辑表达式的逻辑转换效率,对构建的偏序组的每个连接对进行编码。首先对包含一个关系的偏序组的每个成员进行唯一编

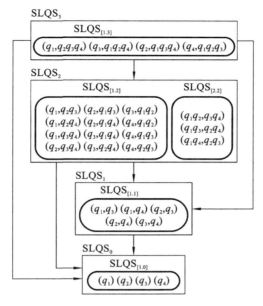

图 2.20 $\leqslant_{SLQS}$ 偏序方法

码,然后依据构建偏序组包含的关系数,由小到大依次对偏序组进行编码,具体方法是利用关系表的唯一编号,对连接对的左右查询子集进行编码。

图 2.21 所示的为图 2.20 构建的偏序组的编码偏序组,LVS 和 RVS 分别表示连接对的左、右查询子集编码,而 VS 表示关系表编码。具有 n 个关系的关系组 Group 在自顶向下枚举算法的逻辑转换过程中,首先在存在依赖的偏

SLQS$_{[1,0]}$

QS	VS
q_1	1
q_2	2
q_3	3
q_4	4

SLQS$_{[1,1]}$

QS	LVS	RVS
(q_1,q_3)	1	3
(q_1,q_4)	1	4
(q_2,q_3)	2	3
(q_2,q_4)	2	4

SLQS$_{[1,2]}$

QS	LVS	RVS
(q_1,q_2q_3)	1	2,3
(q_2,q_1q_3)	2	1,3
(q_3,q_1q_2)	3	1,2
(q_1,q_2q_4)	1	2,4
(q_2,q_1q_4)	2	1,4
(q_4,q_1q_2)	4	1,2
(q_1,q_3q_4)	1	3,4
(q_3,q_1q_4)	3	1,4
(q_4,q_1q_3)	4	1,3
(q_2,q_3q_4)	2	3,4
(q_3,q_2q_4)	3	2,4
(q_4,q_2q_3)	4	2,3

SLQS$_{[2,2]}$

QS	LVS	RVS
(q_1q_2,q_3q_4)	1,2	3,4
(q_1q_3,q_2q_4)	1,3	2,4
(q_1q_4,q_2q_3)	1,4	2,3

SLQS$_{[1,3]}$

QS	LVS	RVS
$(q_1,q_2q_3q_4)$	1	2,3,4
$(q_2,q_1q_3q_4)$	2	1,2,4
$(q_3,q_1q_2q_4)$	3	1,3,4
$(q_4,q_1q_2q_3)$	4	1,2,3

图 2.21 编码偏序组

序组中选择具有 n 个关系的偏序编码组,然后通过判断偏序编码组中的子查询的 LVS∪RVS 是否等于 n 个关系,来完成逻辑转换。例如,考虑偏序组 $SLQS_{[1,3]}$ 中关系组 $Group[q_1 q_3 q_4]$ 的逻辑转换,其首先依据图 2.20,选出依赖组 $SLQS_2$、$SLQS_1$ 和 $SLQS_0$,然后在依赖组中选出具有三个关系的偏序组,即 $SLQS_{[1,2]}$,最后遍历 $SLQS_{[1,2]}$ 查找 LVS∪RVS=$\{q_1, q_3, q_4\}$ 的逻辑表达子查询,建立逻辑表达式等价组 $(q_1, q_3 q_4)$、$(q_3, q_1 q_4)$、$(q_4, q_1 q_3)$。通过使用基于图遍历的查询图的逻辑表达式,避免了无效的逻辑表达式构建以及笛卡尔积的重复判断。

在深入研究自顶向下枚举算法的逻辑转换性能优化的基础上,进一步探索多核的技术,实现自顶向下枚举的高效并行优化算法。考虑自顶向下枚举算法的并行性与自底向上枚举算法存在很大的区别,在前面介绍的自底向上枚举算法中,基于构建的偏向组,利用组间依赖、组内并行的原则,依据分组的先后顺序,将每组包含的连接子集对分配给多个线程,实现多线程的并行执行。因为自顶向下枚举算法的特点,处于高层的偏序组与底层的偏序组之间存在依赖关系,在构建高层偏序组中逻辑表达式的最优查询计划时,其存在依赖关系的底层偏序组还没有实现最优查询计划,故自顶向下枚举算法是依据查询树的分支执行构建最优查询计划的,而非按层次实现的。这种情况下实现自顶向下枚举算法的并行算法,只需考虑将最高层的偏序组的逻辑表达式集合在多线程间进行分配,实现线程级并行。

图 2.22 给出了支持非内连接的自顶向下并行枚举算法 TD_MultiThreads。该算法首先构建查询语句的扩展谓词相称表(line 1),通过遍历查询图,Ecs-pairs 算法构建合理的连接子集对,并通过 Reorder 实现 SLQS 编码偏序组,然后由多个线程并行执行 $SLQS_n$ 中连接子集对逻辑表达式(line 4),最后通过 MergeAndPrunePlans 合并各线程局部最优解,获取全局最优解(line 7)。每个线程通过 TD_Thread 函数实现局部最优解的构建,TD_Thread 首先在 $SLQS_n$ 中获取其他线程未实现的逻辑表达式(line 2),这需要通过多线程同步来实现,对于获取的逻辑表达式,使用 BestPlan 构建左、右连接子集的最优查找计划,并通过 CallEs 判断连接重排的合理性。BestPlan 函数首先检测 Memo,是否关系组的最优执行计划已构建(line 2),如果已构建则返回关系组的最优执行计划,否则调用 BestPlan_Join 和 BestPlan_Scan 对包含多于一个关系的关系组以及包含一个关系的关系组进一步求其最优解。图 2.23 给出了 BestPlan_Join 和 BestPlan_Scan 的实现算法。BestPlan_Scan 通过计算单关系表访问操作成本,构建包含一个关系的关系组的最优查询计划求解,单表的访问类型包括简单 sequential scan、index scan、list prefetch、index ORing 和 index ANDing。

BestPlan_Scan 算法同时进行剪枝运行,即检测生产的连接子集对的所有查询计划,如果存在 QEP_1 和 QEP_2,QEP_2 的属性属于 QEP_1,并且 $cost(QEP_2) < cost(QEP_1)$,则删除构建的查询计划 QEP_1。BestPlan_Join 首先通过 MatchSearch 实现关系组与编码偏序组之间的一对多映射,构建关系组的逻辑表达式集合,MatchSearch 算法使得自顶向下枚举算法不再依靠传统的逻辑转换规则,优化了逻辑转换的性能,然后 BestPlan_Join 对构建的每个逻辑表达式进行物理表达式转换,并计算物理表达式的操作成本。

```
TD_MultiThreads算法
输入:具有n个关系的连接查询图G(V,E)={q₁,…,qₙ},下限成本值B
输出:优化查询计划, 或空值
1  GetES();
2  ccp ← Ecs-pairs(G);
3  SLQS ← Reorder(ccp);
4  for I ← 1 to m    // m thread parallel implement SLQSₙ
5  pool.SubmitJob (TD_Thread(SLQSn, B, ThreadMemoᵢ ));
6  pool.Sync();
7  MergeAndPrunePlans(MEMO,{ThreadMemo1…ThreadMemoₘ });
8  Return MEMO[q₁,…, qₙ]

TD_Thread
1  ThreadMemo ← null;
2  MultiExp=ExtractLogicalEx(SLQSₙ)
3  Oₚ=the join predicate of GL and GR for MultiExp
4  for each MultiExp in [GL,GR]
5    Memo_operatorL ← BestPlan (GL, B)
6    Memo_operatorR ← BestPlan (GR, B)
7  if Memo_operatorL.Memo<>null and Memo_operatorR.Memo <>null and
     CallES(Oₚ, Memo_operatorL.operator) and CallES (Memo_operatorR.operator,Oₚ)is true
8  then BestPlan ← Memo_operatorL.Memo OₚMemo_ operatorR .Memo
9  ThreadMemo[V] ← BestPlan
10 Return ThreadMemo;

BestPlan(G, B)
1  BestPlan ← null
2  if Memo[V] contains plan of G with cost ≤B
3    then BestPlan ← Memo[V]
4  else if Memo[V] is empty or contains lower bound < B
5    then if |V| = 1
6      then  BestScan_operator ← BestPlan_Scan (G, B)
7         operator= BestScan_operator.operator;
8         BestPlan= BestScan_operator.BestPlan;
9      else BestJoin_operator ← BestPlan_Join (G, B)
10        operator= BestJoin_operator.operator;
11        BestPlan= BestJoin_operator.BestPlan;
12   if BestJoin_operator.BestPlan = null
13     then Memo[V] ← lower bound B
```

图 2.22 支持非内连接的自顶向下并行枚举算法

```
BestPlan_Join(G, B)
1   BestPlan ← null    Let Cost(null) = ∞
2   for each partition (GL,GR) in MatchSearch(G)
3     do for each operator GL p GR
4       do Cp ← cost of operator p
5         B' ← Min(B,Cost(BestPlan)) -Cp
6         Memo_operator ← BestPlan (GL, B')
7         P_L= Memo_operator. Memo[V];
          pl= Memo_operator.operator;
8         if P_L<>null
9           then B' ← B'— Cost(P_L)
10        Memo_operator ← BestPlan (GR, B')
11        P_R= Memo_operator. Memo[V];
          pr= Memo_operator.operator;
12        if P_R<> null then
13          if pl=relation and Pr=relation
14            or pl=relation andprrelation and CallE S(p,pr) is true
15            or plrelation andpr=relation and CallE S(p,pl) is true
16            or Plrelation and prrelation
              and if CallE S(pr,pl) and CallE S(p,pr) is true
              then BestPlan ← P_L p P_R
17        operator=p; BestJoin_operator ← {BestPlan, operator}
18  return BestJoin_operator

BestPlan_Scan(G, B)
1 BestPlan ← null    Let Cost(null) = ∞
2 for each operator Scan(R)
3   do CurrPlan ← Scan(R)
4     if Cost(CurrPlan) < Cost(BestPlan) and Cost(CurrPlan) ≤ B
5     then BestPlan ← CurrPlan
6 operator ← relation; BestScan_operator ← { BestPlan , operator };
7 return BestScan_operator
```

图 2.23   BestPlan_Join 和 BestPlan_Scan 算法

第四节　算法性能评估

　　实验测试主要目的是针对只包括内连接的查询,评估分析基于 Ecs-pairs 算法的并行动态规划算法相对于基于传统逻辑转换的动态规划算法的性能。实验设备是 DELL 2950 服务器,服务器 CPU 为 Intel xeon E5335,主频 2.00 GHz,外频 1333 MHz,具有四个计算核,服务器的内存类型是 DDR2 ECC FBD,容量 4 GB×2,二级缓存 8 MB。依据算法使用的动态规划枚举类别、连接类别以及连接对的生成方法,表 2.2 给出了实验测试中用到的三种并行算法,为了实现算法的比较,选取的算法都只支持内连接类型。

表2.2 实验对比算法

连接类型	枚举类型	连接对构建方法	描述
Only inner join	Top-down	Parallel algorithm based on Ecs-pairs	PTDecs
	Bottom-up	Parallel algorithm based on Ecs-pairs	PBUecs
		Parallel algorithm based on Size-Driven	PBUecs

对于只包括内连接的查询,在典型的 Chain 和 Cycle 类型查询实验基础上,首先依据不同线程数,应用 PTDecs、PBUecs 以及 PBUsize 分析各个算法的性能加速比,测试结果如图 2.24 所示。对于 Chain 类型查询,图 2.24(a)表明随着应用线程的增加,PTDecs 算法基本上可以达到线性加速,加速性要高于 PBUecs,并明显高于 PBUsize 算法。图 2.24(b)所示的实验结果与图 2.24(a)所示的相似。

其次测试针对具有不同关系数量的查询,分析 PBUecs 算法和 PBUsizes 算法相对于 PTDecs 算法的优化时间,PTDecs 算法的优化时间为固定值 3,测试结果如图 2.25 所示。对于 Chain 类型查询,图 2.25(a)表明随着查询关系表数据的增加,PTDecs 相对 PBUecs 的优势逐渐加大,而 PBUsizes 算法在实现连接对时,需要首先判断非空子集的可连接性。但随着查询语句中关系数量的增加,子集的数据呈指数级增长,极大地影响了其算法的运行性能,因而随着关系数据量的增加,其相对性能下降比较严重。图 2.25(b)所示的实验结果与图 2.25(a)所示的相似。

图 2.24 和图 2.25 所示的测试结果证明了一个事实,即通过基于 Ecs-pairs 算法构建的有效连接对与 Top-down 枚举类型结合,可以比较明显提高传统算法 Top-down 枚举类型逻辑转换性能,使其可以具有与 PBUecs 算法基本相同

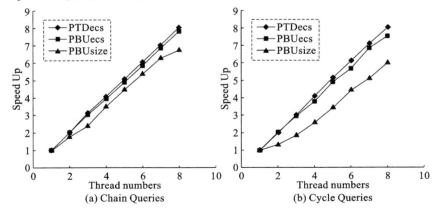

图 2.24 针对不同线程获取的三种算法的加速度

的逻辑转换能力,而 Top-down 枚举类型的剪枝优点进一步提升了 PTDecs 的执行性能。因此,对于只包含 inner 连接的查询,PTDecs 具有最短的最优查询计划构建时间,其性能在所有并行动态规划算法中是最优的。

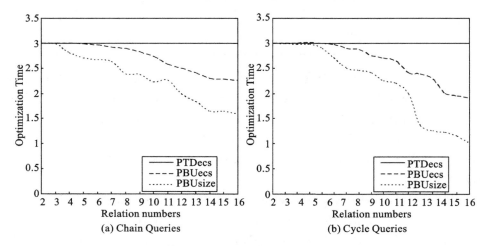

图 2.25 PBUecs 算法和 PBUsizes 算法相对于 PTDecs 算法的比较

第五节 本章总结

由于非空有效连接子集对对于动态规划算法性能的提升影响很大,本章通过连接子集对优化构建算法实现高效的连接子集对构建,并对其合理性进行了证明。依托构建的有效连接子集对集合,本章首先对自底向上连接枚举算法进行了研究,提出一种基于多核的自底向上连接枚举并行算法。该算法为了避免线程执行的连接子集与其他线程执行的连接子集存在依赖关系,利用偏序重构方法,对 Ecs-pairs 算法构建的连接子集对集合,执行偏序重构分组,由于组内连接子集对不存在依赖关系,可以实现每一组内连接子集对的多线程并行操作,避免对依赖检测操作的冲突。并且进一步解决了连接子集对构建与查询计划构建之间的延迟问题,以及线程部分解合并时,全局 MEMO 的同步操作问题。

本章对三种连接类型的概念进行考虑分析,总结了三种类型连接谓词的冲突语义规则,通过归纳的冲突语义规则,对谓词相称表进行扩展,构建谓词扩展相称表,即在谓词引用的表集合基础上,通过添加与其发生冲突的表,进一步描述查询语句的谓词冲突信息。在对查询语句构建扩展谓词相称表 ES 的基础上,将 ES 应用到自顶向下枚举算法中,用于判断包含非内连接的查询重构是否是正确。

　　由于传统的自顶向下枚举算法的逻辑转换是依据逻辑转换规则随机产生的,并且每次都需要使用查询图特性来控制笛卡尔积的产生,这种逻辑转换方式对于非全连接的查询图会产生很多无效的逻辑表达式,特别是造成笛卡尔积的重复判断。为了解决这些问题,提高传统的自顶向下枚举算法的逻辑转换性能,依据连接子集对优化构建算法对查询图进行遍历,实现连接子集对集合,并依据$\leqslant_{SRQS}$偏序方法对构建连接子集对集合进行分组。为了进一步提高关系组到逻辑表达式的逻辑转换效率,对构建的偏序组的每个连接对进行编码。

　　在深入研究自顶向下枚举算法的逻辑转换性能优化的基础上,根据自顶向下枚举算法实现过程中的特点,即处于高层的偏序组与底层的偏序组之间存在依赖关系,在构建高层偏序组中逻辑表达式的最优查询计划时,其存在依赖关系的底层偏序组还没有实现最优查询计划,自顶向下枚举算法是依据查询树的分支执行构建最优查询计划的。本章最后通过将最高层的偏序组的逻辑表达式集合在多线程间进行分配,实现了自顶向下动态规划算法的并行优化算法。

第三章

查询计划的非枚举构建算法

第一节 引 言

在当今的关系数据库管理系统中,查询优化的首要任务是构建具有最小查询成本的最优查询计划。然而在实际应用中,局部解的数据非常大,求解最优查询计划的目标函数都不是凸的,如何能够有效地在构建的局部解中获取全局最优查询计划至今仍是一个难题。全局最优查询计划的构建方法可分为两类:

一类是确定性方法。该方法主要是基于确定性的搜索策略,在目标函数满足特定的限制条件下可以对求得全局最优解提供确定性的保证,一般适用于求解满足特定要求的一些特殊问题。动态规划的两种枚举遍历算法就是基于确定性方法实现的,动态规划的枚举算法是在构建所有可能的查询计划的基础上,找出具有最小查询成本的最优查询计划,其构建的查询计划是绝对最优解。由于查询计划的构建问题属于优化组合问题,其随着连接操作的数量呈指数级增长,导致搜索空间急剧扩张,其计算复杂性非常高,Scheufele 等已证明基于表连接次序的执行计划的优化算法是 NP 难问题。动态规划的枚举算法运行时间级是 $O(2^N)$,其中 N 是连接数量,对于不超过 10 个连接关系的数据库查询,基于动态规划的枚举算法构建优化连接执行策略是可以考虑的。但是考虑超过 10 个关系表的查询优化问题时,基于动态规划的近乎穷举的搜索算法的实现变得不可能。然而随着"海量信息"时代的来临,包含大量关系的多连接数据库查询越来越普及,很多实际的应用都涉及大量的多连接查询,如专家系统、演绎数据库、工程数据库、数据仓库及数据挖掘等,使优化问题的规模增大,局部最优解的数目迅速增加。这无疑使寻找大规模复杂系统优化问题的全局最优解变得更加困难,查询执行计划的好坏直接影响到查询语句的执行性能,所以多连接的查询优化问题成为数据库管理系统需要解决的关键问题之一。为了提高查询处理器的执行效率,全局最优查询计划的第二类构建方法是通过采用启发式规则搜索算法或随机算法来构建的,这就是构建全局最优查询计划的随机性方法。随机性方法是以牺牲查询计划的质量为代价换取优化查询计划构建效率的,随机算法不是通过顺序方式,而是在搜索策略中引入了适当的随机因素,通过随机方式在查询空间中进行优化解搜索,对目标函数一般不需要特殊的限制条件,具有比较广泛的适用性。但是,由于采用随机搜索策略,这类方法只能在低概率的意义上为求得全局最优解提供保证。

查询优化器在构建最优查询计划过程中,需要在枚举算法的复杂度以及构建的查询计划的质量之间进行权衡。确定性方法代表了一种极端:相对于查询关系数量,其搜索空间复杂,但构建的查询执行计划是最优的。随机性方法相对于确定性方法,具有较低的搜索空间复杂度,但是依据这些算法实现的查询执行计划,具有最优查询成本的概率很低。考虑到随机性方法构建查询计划质量的不确定性,一种基于查询图本身的结构特点,利用判断相似子图来降低查询复杂度的方法被提了出来。两个图之间最大相似子图的识别方法主要应用于生物化学领域,其在给定属性值阈值的情况下,依据分子(原子)属性判断分子或原子的相似性。McGregor 等在选择最大相似对时,通过遍历所有子图采用回溯算法构建合理相似对集合,将最大相似图的判断问题退化为最大相似对的连接问题。Yu Wang 等提出了一种排序方法,通过这种方法将构建的相似对集合进行排序,只选取相似度较高的相似对进行扩展,获取更大的相似子图。John Raymond 等对各种相似子图的判断方法进行了综述。Akutsu Tatsuya 等提出多项式时间算法,该算法的目的是在一组图中发现最大相似图。Bertrand Cuissart 等通过比对两个图,提出了可连接的最大的相似诱导子图构建算法。给定一个查询图 Q 和一组图集 S,Xifeng Yan 等在 S 中发现所有与 Q 相似的子图,实现了图形数据库中相似子图的判断。对于最大相似子图的识别,现阶段这些研究都采用两种遍历判断方式:由上而下和由下到上。如果需要在 (G_1, G_2) 间发现相似子图,由上而下方式首先将 G_1 分割成 G_{11} 和 G_{12},将 G_2 分割成 G_{21} 和 G_{22}。如果在新构建的子图 $\sum_{i=1}^{2}\sum_{j=1}^{2} G_{ij}$ 中发现了相似子图,则选择正确的分割解进行查找内相似子图和查询间相似子图判断。通过这种方式构建分割解,直到获取的连接子图对相互之间是相似的。递归这个过程,对更小的子图进行判断。Viswanath 和 Matthias 等就是通过由上而下遍历方式,实现了最大相似子图的识别。Qiang Zhu 等则采用与其相反的由下到上遍历方式进行最大相似子图判断。

上面介绍的相似子图判断方法的最大缺点是只进行最大相似子图的判断,而删除了最大相似子图判断过程中形成的较小相似子图对。为了提高确定性方法查询优化器对于复杂查询的处理能力,缓解搜索空间枚举算法的瓶颈限制,本章考虑将相似性查询子图集和动态规划算法结合,在构建搜索空间的最优查询计划时,首先利用查询图本身所具有的结构特点,对其中包含所有相似查询子图进行判断,构建各层相似查询子图集合,这样在构建查询计划的过程中,依托各层相似子图集合,避免相似子图的查询计划构建,达到减少搜索空间,提高内存的处理能力,以及传统动态规划算法的计算能力,获得近似最优解的高质量查询执行计划的目的。该方法中子图相似性的判断是通过预先定义的节点和边阈值实现的,具有随机性方法的特点,因此该方法实际上是两类全局最优查询计划的构建方法的结合。基于多核硬件主潮流环境,实现相似查询子图集与动态规划算法的结合需要两个关键步骤:①构建相似查询子图集;②将相似查询子图集与动态规划并行算法相结合。

第二节 遗 传 算 法

遗传算法(generic algorithm)是模拟生物在自然环境中的遗传和进化过程而形成的一种自适应全局优化概率搜索算法。它将原问题的解空间映射到位串空间中,然后再实施遗传操作,强调个体基因结构的变化对其适应度的影响。遗传算法的主要特点是群体搜索策略和群体中个体之间的信息交换,实际上是模拟由个体组成的群体的整体学习过程,其中每个个体对应研究问题的一个解。Kristin Bennett 等在 1991 年首次将遗传算法应用到查询优化过程中。遗传算法有下面三种变异算法。

一、迭代改进算法

迭代改进(iterative improvement, II)算法是局部查询的一种方式,通过随机选择查询计划进行状态转移。S 表示某一个查询计划,也就是状态,Neighbors(S)表示状态 S 通过交换其中关系的位置得到的状态集合,状态就是从 S 到 random(Neighbors(S))的过程。在 II 算法中,存在两种不同的状态转移方式,以概率 α 和 $(1-\alpha)$ 进行选择执行。在假设转换的结果都是有效状态的前提下,分别存在下面两种状态转移方式。

- Swap:随机选择当前状态中的两个关系,执行关系位置交换。
- 3Cycle:随机选择当前状态中的三个关系 $<a,b,c>$,最右端关系执行左旋转 $<c,a,b>$。

图 3.1 所示的为 II 算法。II 算法的内循环称为局部优化,局部优化开始于

II 算法
1: while not stopping-condition do
2:     S ← random state
3:     while not local-optimum do
4:         S′← random state in neighbors(S)
5:         if cost(S′)<cost(S) then S ← S′
6:     end while
7:     if cost(S) < cost(minS) then minS ← S
8: end while
9: return minS end function

图 3.1　II 算法

一个随机状态,然后通过不断的优化得到局部最优解。II 算法通过外循环不断地优化局部最优解,在满足 stopping-condition 条件时,终止程序。在运行时间没有限制的前提下,II 算法得到全局最优解的概率是 1。限制运行时间时,II 算法的执行性能主要依靠搜索空间上定义的成本模型以及状态转移的方式。

二、模拟退火算法

II 算法在构建局部优化解时,只考虑小于当前状态成本的目标状态进行状态转换,这是单方向的爬山搜索算法。由于单向爬山算法缺乏对问题的可行空间的全局性采样,陷入局部最优解的可能性极大。而模拟退火(simulated annealing,SA)算法是一种启发式随机搜索方法,这种算法与 II 算法不同,不仅引入了适当的随机因素,而且引入了物理系统退火过程,即在迭代过程中不仅接受具有较小成本的状态,而且在一定概率上接受具有比当前状态的成本大的状态,因此该算法一定概率上支持双向爬山搜索。SA 算法由统计物理学发展而来,是模拟固体退火结晶的物理过程建立起来的,模拟退火算法构成要素主要有搜索空间、能力函数、状态转移规则以及冷却进度表。在 1987 年,Yannis 等首次将模拟退火算法引入查询计划构建的优化过程中,实验数据表明该方法具有一定的可行性。在此基础上,Michael Steinbrunn 等将模拟退火算法应用到查询处理的过程中。SA 算法在构建起始解的基础上,通过递减控制参数 t 过程中产生的 Markov 链集,使用定义的新解构建以及选择原则,递归地通过计算目标函数差,实现最优解的构建。

图 3.2 所示的为 SA 算法。控制参数 t 的值缓慢衰减,才能确保模拟退火算法最终趋于优化问题的整体最优解,根据 Metropolis 准则,粒子在温度 T 时趋于平衡的概率为 $e^{-\Delta E/(kT)}$,其中 E 为温度 T 时的内能,ΔE 为其改变量,k 为 Boltzmann 常数。

三、两阶段优化算法

两阶段优化(two phase optimization,2PO)算法起源于 select-project-join

```
SA算法
1:  s= so;T=To;minS=S
2:  while not (frozen) do {
3:     while not (equilibrium) do {
4:        S′ = random state in neighbors(S)
5:        △C = cost(S′) - cost(S)
6:        if (△C <0) then S=S′
7:        if (△C >0) then S=S′ with probability e^{-△c/T}
8:        if cost(S) < cost(minS) then minS = S
9:  T = reduce(T) }
10: return(minS)
```

图 3.2　SA 算法

查询优化,是 II 算法和 SA 算法的结合体。顾名思义,2PO 算法包括两个阶段,该算法首先在一时间段内运行 II 算法,然后将其运行结果作为初始状态,再利用 SA 算法运行初始状态。依据 Ioannidis 和 Kang 的测试结果,2PO 算法在运行时间以及运行质量上优于 II 算法及 SA 算法。

第三节　迭代动态规划算法

通常情况下,查询优化器在构建最优查询计划过程中,需要在枚举算法的复杂度以及构建的查询计划之间进行权衡。动态规划算法代表了一种极端:相对于查询关系数量,其具有指数级运行时间,搜索空间复杂,但构建的查询执行计划是最优的。遗传算法相对于动态规划搜索,具有较低的搜索空间复杂度,但是这些算法实现的查询执行计划具有较低查询成本的概率很低。在这种情况下,G. Graefe 等提出了迭代动态规划(iterative dynamic programming,IDP)算法。IDP 算法的主要思想是:多次递归运行动态规划算法,运行动态规划一段时间,递归运行下次动态规划算法之前,采用遗传算法在构建的查询计划中选取最优查询计划,以此来减少搜索空间。本质上,IDP 算法通过递归运行动态规划算法来优化查询计划,遗传算法的干预主要是减少搜索空间。IDP 算法基本执行过程如下:在不考虑笛卡尔积的情况下,构建具有 lev 个关系的子查询计划,应用自底向上动态规划算法会产生 C_{lev}^n 个子查询计划。而 IDP 算法通过递归的方式,避免了生成指数级的查询计划,首先设定参数 k,k 的最小值是 2,最大值是查询语句具有的关系数 rel,然后通过自底向上动态规划构建具有 $2,3,\cdots,k-1$ 个关系的子查询计划,构建的子查询数量分别是 $C_2^n,C_3^n,\cdots,C_{k-1}^n$。但是在构建具有 k 个关系的子查询计划以后,通过 Greedily 算法,在构建的查询计划 C_k^n 中选择一个具有最小成本查询计划,不保留剩余的 C_k^n-1 个查询计划。并且在进一步递归之前,删除构建的具有 $2,3,\cdots,k-1$ 个关系的子查询计划,执行选取的最小成本查询计划,将其执行结果作为新节点,开始新的递归。

IDP 算法具有以下优点:第一,对于包含大量关系表的复杂查询,相对于前面介绍的遗传算法,IDP 算法能够构建最优的查询计划;第二,由于 IDP 与 DP 之间的成本模型以及枚举规则是相同,所以 IDP 算法能够很容易地整合到现存的基于动态规划方法的查询优化器中,而前面介绍的遗传算法在实际应用中,需要对查询优化器进行查询设计。由于现存的查询优化器绝大部分是以动态规划算法为基础的,所以 IDP 具有的第二个特点是非常重要的。

图 3.3 所示的为 IDP 算法。k 是设定的自底向上执行动态规划算法的层数,numOfRels 函数(line 1)用于获取查询语句中包含的关系数,通过 k 以及查询语句总关系数,可以得到递归的次数(line 2)。ApplyDP 执行自底向上动态规划算法,构建 k 层的查询计划(line 4,5,6)。makeGreedySelection 在包含 k 个关系的子查询计划中选择一个具有最小成本查询计划,同时删除所有构建的查询计划。relationsIn 函数用于获取选取的子查询计划中包括的关系集(line 8)。下面通过一个例子说明 IDP 算法。设 $k=2$,$\{A,B,C,D\}$ 是查询语句关系集。自底向上动态规划算法首先构建 1-way 查询计划,然后构建 2-way 查询计划,由于 $k=2$,所以不实现 3-way 的查询计划。通过 greedy 方法,假设具有最优成本的查询计划 $\{A,C\}$ 被选取,所有其他 2-way 查询计划被删除,如 $\{A,B\}$、$\{B,C\}$ 等。1-way 查询计划也被删除,如 $\{A\}$、$\{C\}$。被选取的查询计划 $\{A,C\}$ 称为 $\{T\}$,在 $\{T\}$、$\{B\}$ 和 $\{D\}$ 上递归应用 IDP 算法。

```
IDP算法
1: num Rels=numOfRels(Query)
2: numOfIterations=num Rels/k
3: for iteration=0 to numOfIterations-1 do
4:    for lev=1 to k do
5:        Plans[lev]=ApplyDP(Plans[])
6:    end for
7:    Plans[lev]=makeGreedySelection(Plans[lev])
8:    participatingRels=relationsIn(Plans[lev])
9:    Plans[1]=Plans[1]-1-wayPlansFor(participatingRels)+Plans[lev]
10:end for
11:return Plans[lev]
```

图 3.3 Iterative Dynamic Programming 算法

第四节 基于查询图相似性的查询计划构建算法

为了提高基于动态规划方法的查询优化器对于复杂查询的处理能力,避免搜索空间枚举算法的瓶颈限制,考虑在构建搜索空间的查询计划时,对其中查询子图的相似性进行判断,构建相似子图集合,这样在构建查询计划的过程中,依托相似子图集合,避免相似子图的查询计划构建,从而达到减少搜索空间,提高内存的处理能力,获得近似最优解的高质量查询执行计划的目的。

查询图被表示为 $G(V, E, T, P, a, \beta)$,其中 V 是查询图有限节点,$E \in \{V \times V\}$ 是查询图中的边,$e = (u, v) \in E$ 表示节点 u 与 v 之间的边,存在共同边的两个节点为邻节点,$ad(v)$ 表示节点 v 的相邻节点集,vertices(e) 表示被边 e 连接的节点集合,verticesofall 用于获取边集合的节点集,$T = \{R_1, R_2, \cdots, R_n\}$ 是被查询图引用的查询语句的关系集合,NumRel(T) 表示集合 T 包含的关系数,$P = \{p_1, p_2, \cdots, p_m\}$ 是被查询图的边引用的所有谓词集合。a 是查询图节点和查询语句中关系表之间的映射函数,需要注意,关系表与查询图中的实例节点并不是一对一的关系,$a: x \rightarrow R$ 是多对一的函数,其中 $x \in V, R \in T$。sizeof(x) 用于表示关系表 $a(x)$ 的大小。β 是查询图的边和查询语句中谓词之间的映射函数,$e \rightarrow c$,其中 $e \in E, c \in 2^P$,selof 用于表示谓词 $\beta(e)$ 的选择性。

定义 1 满足下面条件的连接图 $S(V', E', T', P', a', \beta')$ 是查询图 $G(V, E, T, P, a, \beta)$ 的查询子图,有

$V' = \{v | v \subseteq \text{verticesofall}(E') \in V\}$

$E' = \{e | e \in E, \text{vertices}(e) \in V'\}$

$T' = \{r | r \in T, a'(r) \in V'\}$

$P' = \{p | p \in P, p \in h, h \text{ is the set of predicates labeled on } e \in E'\}$

$a': x \rightarrow r$, where $x \in V', r \in T', a'(x) = r$

$\beta': e \rightarrow c$, where $e \in E', c \in 2^{P'}, \beta'(e) = c$

定义 2 $S_1(V_{1'}, E_{1'}, T_{1'}, P_{1'}, a_{1'}, \beta_{1'})$、$S_2(V_{2'}, E_{2'}, T_{2'}, P_{2'}, a_{2'}, \beta_{2'})$ 是查询图 $G(V, E, T, P, a, \beta)$ 的两个查询子图,Er 和 Ee 分别是定义在关系表大小以及谓词连接性上的关系差阈值和谓词差阈值,满足下面条件的 S_1、S_2 称为相似查询子图:

(1)$V_{1'}$ 和 $V_{2'}$ 节点集合之间存在一对一的映射函数 f,即对于任何 $x \in V_{1'}$,$f(x) \in V_{2'}$,并且满足关系差值 IComV$(x, f(x)) = |\text{sizeof}(a_{1'}(x)) - \text{sizeof}(a_{2'}(f(x)))| / \min(\text{sizeof}(a_{1'}(x)), \text{sizeof}(a_{2'}(f(x)))) < \text{Er}$。

(2)$E_{1'}$ 和 $E_{2'}$ 边集合之间存在一对一的映射函数 g,即对于任何 $e \in E_{1'}$,$g(e) \in E_{2'}$,如果 vertices$(e) = \{x, y\}$,则 vertices$(g(e)) = \{f(x), f(y)\}$,并且谓词差值 ComE$(e, g(e)) = |\text{selof}(e) - \text{selof}(g(e))| / \min(\text{selof}(e), \text{selof}(g(e))) < \text{Ee}$。

定义 3 在不考虑谓词差阈值的情况下,假设存在一组代表不同关系表的节点$(V_1, V_2, \cdots, V_m)$,如果其中任意两个节点的关系差值都小于关系差阈值,则称这组节点为相似种子节点组,其中的每个节点称为种子节点。

定义 4 具有 n 个节点的查询语句的查询图 G，对于含有 lev 个节点的查询子图集合，具有相似性的查询子图集合称为 lev 层相似查询子图集 $\text{SimSet}_{\text{lev}}$，各层相似性查询子图集汇总的集合称为查询图 G 的相似性查询子图集。

定义 5 具有 n 个节点的查询语句的查询图 G，一组具有相似性的查询子图称为相似集，在构建相似集的最优查询计划时，从相似集中选取的第一个相似子图称为相似样本。

基于动态规划算法的查询优化器在处理比较复杂的查询时，查询图的相似性查询子图集节省了大量查询子图的查询计划的构建时间。图 3.4 所示的为相似性查询子图集的应用示例。在应用查询优化器对复杂查询进行优化过程中，在构建具有三个关系的子查询执行计划时，在构建完成子查询(1,2,3) 的最优查询计划后，检测到相似集包含子查询(1,2,3)，即子查询(1,2,3) 是相似样本，将相似样本(1,2,3) 的最优查询计划在相似集内进行复制，构建其他相似样本(4,5,6) 的最优查询计划。相似样本间的查询计划的复制时间远远小于查询子集查询计划构建时间，因此提高了优化器的计算能力，而三层相似查询子图集中虚线

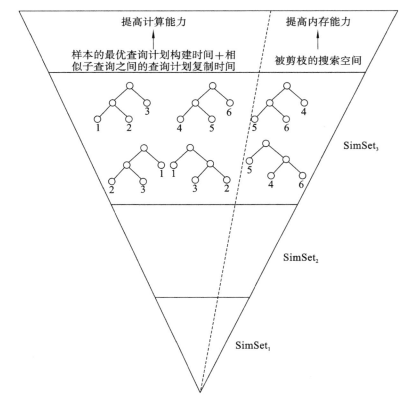

图 3.4 相似性查询子图集的应用

右侧的逻辑表达式不用构建查询执行计划,即不需要进行逻辑表达式到物理表达式的转变,因此减少了搜索空间的大小,提高了内存能力。因此,相似性查询子图集可以最小化 CPU 时间以及节省内存空间。

一、相似查询子图集的 DP 算法

为了改进基于动态规划算法查询优化器在处理规模较大的数据库查询时的不足,将相似性查询子图集和第二章介绍的并行动态规划算法结合,从而有效地提高查询优化器的内存利用率,以及传统动态规划算法的计算能力。要实现相似查询子图集与并行动态规划算法的结合需要两个关键步骤:①构建相似查询子图集;②将相似查询子图集应用到动态规划算法中。

图 3.5 为基于相似查询子图集的 DP 并行算法执行流程图,简称 DPP_SIM 算法。其中,为了并行执行动态规划算法,BuildSRQSOrder 采用第二章介绍的将连接子集对的构建与查询执行计划的构建相分离的方法,对构建的连接子集对进行偏序重排,构建 SRQS 偏序组。BuildSimSet$_{lev}$ 实现相似查询子图的构建,其中 lev 是最大相似查询子图包含的节点数,对于 lev 层相似查询子图集 SimSet$_{lev}$,以相似集为最小单位在多线程间进行分配,利用 ConstructPlan 并行实现每个相似集中一个相似样本的查询执行计划构建,以及选取的最优查询执行计划到相似集中其他相似样本的映射,实现相似集所有相似样本的最优查询执行计划。利用动态规划算法并行实现排除 SimSet$_{lev}$ 子集的 SRQS$_{lev}$ 中其他连接子集对的最优查询计划。如果最大相似查询子集图所包含的节点数小于查询图的节点数,查询图的节点数通过 num(QueryGraph) 取得,设为 n,则需要利用动态规划算法自底向上并行执行具有从 SRQS$_{lev+1}$ 到 SRQS$_n$ 的偏序组,构建完备的查询执行计划。

下面通过一个例子,比较直观地对算法相似查询子图的构建进行描述。图 3.6 所示的是一个相似查询子图构建的例子,在构建查询图的查询子图的基础上,依据每个节点所表示的关系表的大小以及关系表的索引信息,得到节点 V_2 与 V_4、V_1 与 V_5、V_2 与 V_6、V_{12} 与 V_{14}、V_{13} 与 V_{15} 以及 V_9 与 V_7 所表示的关系表差值在表差阈值范围内,故相似种子节点组分别为 (V_2, V_4)、(V_1, V_5)、(V_2, V_6)、(V_{12}, V_{14})、(V_{13}, V_{15}) 和 (V_9, V_7),以相似种子节点组为基础,进一步扩展得到具有两个节点相似查询子图,相似种子节点的扩展不仅需要考虑表信息,更要求谓词的选择率信息。

假设谓词 $P_{1,2}$ 与谓词 $P_{5,6}$ 的谓词差值在谓词阈值范围内,并根据相似种子节点集合提供的信息,知道 V_2 和 V_6 是相似种子节点,所以得到一个包含两个关系的相似查询子图$\{(V_1, V_2), (V_5, V_6)\}$,依次类推,得到另外四个包含两个关系

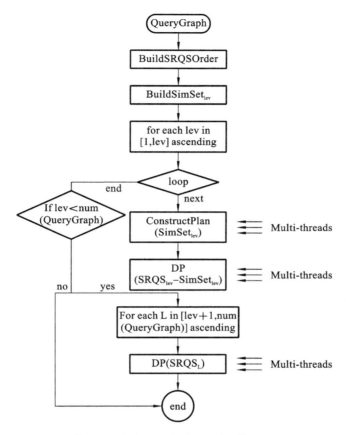

图 3.5 基于相似查询子图集的 DP 并行算法执行流程图

的相似查询子图 $\{(V_2,V_{12}),(V_6,V_{14})\}$、$\{(V_{12},V_{13}),(V_{14},V_{15})\}$、$\{(V_{13},V_9),(V_7,V_{15})\}$ 和 $\{(V_1,V_9),(V_5,V_7)\}$。依次类推,进一步经相似查询子图进行扩展,最后得到最大包含五个关系的相似查询子图 $\{(V_1,V_2,V_{12},V_{13},V_9),(V_5,V_6,V_{14},V_{15},V_7)\}$。如图 3.6 上面的查询图虚线所示,通过这种方法得到图 3.6 下面的各层相似查询子图集。

在构建三层相似查询子图集的查询计划时,以相似集为单位在线程间分配,从而实现相似查询子图集查询计划的并行实现。假设两个相似集 $(V_1 \to V_2 \to V_{12}, V_5 \to V_6 \to V_{14})$ 和 $(V_2 \to V_{12} \to V_{13}, V_6 \to V_{14} \to V_{15})$ 被分配给线程 T,线程 T 首先在每个相似集中提取一个相似样本,则线程 T 选取的相似样本有 $V_1 \to V_2 \to V_{12}$ 和 $V_2 \to V_{12} \to V_{13}$,线程 T 对于每个选取的相似样本,依据 BuildSRQSOrder 构建偏序组及其逻辑表达式,如 $V_1 \to V_2 \to V_{12}$,线程 T 通过遍历 $SRQS_1$ 和 $SRQS_2$,得到其逻辑表达式 (V_1,V_2V_{12}) 和 (V_1V_2,V_{12}),由于动态规划算法是依

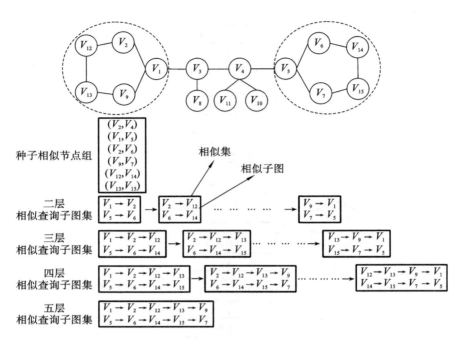

图 3.6 算法实例

据包含的节点数由下至上构建查询执行计划的,V_2V_{12} 和 V_1V_2 的最优查询计划已经构建完成,所有线程 T 对于这两个逻辑表达式主要是实现连接方法的确定,即可以实现其最小成本的连接操作方法的确定。在构建相似样本有 $V_1 \rightarrow V_2 \rightarrow V_{12}$ 和 $V_2 \rightarrow V_{12} \rightarrow V_{13}$ 的最小成本查询执行计划后,ConstructPlan 将构建的相似样本的最优查询计划映射到相应的各个相似集的其他相似子图上。由于相似查询子图集最大包含的查询图节点数有 5 个,所以对于 $SRQS_6$,$SRQS_7$,…,$SRQS_{15}$ 这些偏序组,每个偏序组的最优查询计划的构建依据第二章介绍的自底向上动态规划算法并行完成。图 3.7 所示的为相似集查询最优查询计划的构建过程。

二、相似查询子图集的构建

相似查询子图集的构建主要分三个步骤:①构建相似种子节点组;②种子进一步扩展,构建二层相似查询子图;③进一步扩展二层相似查询子图,构建具有更多节点的相似查询子图。

相似种子组的判断是构建相似查询子图集的基础,而相似种子节点组的判断,根据前面的定义,主要是依据关系差值和关系阈值差的比较得到的。查询图中每个节点与实际的关系表是多对一的关系,因而还需要在构建相似种子节点

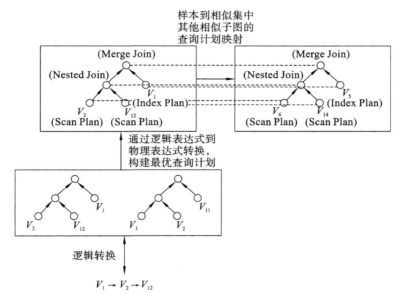

图 3.7 相似集查询最优查询计划的构建过程

时,能够反映出节点与关系表之间的关系。为了实现相似种子节点的构建,设计了初始相似节点列表,对于具有 n 个关系,$T=\{R_0,R_1,\cdots,R_{n-1}\}$ 的查询图 $G(V, E,T,P,a,\beta)$,初始相似节点列表包括 $n-1$ 个相似种子组,每个相似种子组 GroupId$_m$ 存在两个指针,分别指向两个子表 OL$_m$ 和 SL$_m$,$0 \leqslant m \leqslant n-1$,子表 OL$_m$ 定义为 $\{x|a:x \to R_m,x \in V,R \in T\}$,用于表示关系表 R_m 在查询图中的实例节点集,子表 SL$_m$ 定义为 $\{y|\text{IComV}(x,y)<\text{Er},x \leftarrow \text{ExtractOne}(a:x \to R_m),y \in V-(a:x \to R_m)\}$,用于表示与子表 OL$_m$ 中的节点相似的查询图节点集,这个节点集不考虑子表 OL$_m$ 包括的节点集,其中 ExtractOne 在集合 OL$_m$ 中获取任意一个节点。图 3.8 所示的为初始相似节点列表的构建算法 ConstructSimSeed。

ConstructSimSeed算法
输入: 查询图QueryGraph,关系差阈值Er
输出: 初始相似节点列表
1: initialize SimSeedGroup=∅
2: numOfRelations= numOfRelations(QueryGraph)
3: for i = 0 To numOfRelations-1 Do
4:     OL$_i$={x| α:x → R$_i$,x∈V,R∈T}
5:     Add Ol$_i$ to SimSeedGroup$_i$[0]
6:     x ← ExtractOne(Ol$_i$)
7:     y ← {V-{OL$_i$}}
8:     Sl$_i$={y| IComV(x,y)<Er}
9:    Add Sl$_i$ to SimSeedGroup$_i$[1]
Return SimSeedGroup

图 3.8 相似种子组的构建算法

图 3.9 所示的为相似种子组的构建实例。设定关系差阈值 $Er=0.3$,对于相似种子组 $SimSeedGroup_5$,首先通过计算 $\{x|a: x \to R_5, x \in V, R \in T\} = V_7$,得到关系表 R_5 在查询图中的实例节点集 $\{V_7\}$,然后通过计算 $\{y| IComV(x,y)<$ $Er, x \leftarrow ExtractOne(a: x \to R_m), y \in V - \{a: x \to R_m\}\} = \{y| IComV(V_7, y)<$ $Er, y \in \{\{V_1, V_2, \cdots, V_{15}\} - \{V_7\}\}\} = (V_3, V_4)$。

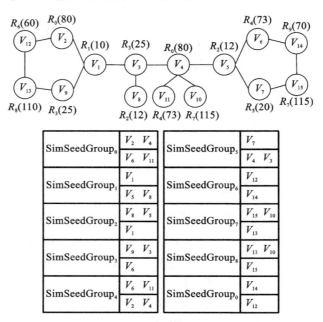

图 3.9 相似种子节点组构建实例

在以下两种条件下,一颗种子是无法扩展为二层相似查询子图的,也称为种子不发芽条件。

条件一:一颗种子的邻节点不存在相似种子,或者存在相似种子,但是边的谓词差值不在谓词阈值范围内。

条件二:一颗种子与相似种子节点组中其他种子构成相似种子对,任何相似种子对的邻节点中不存在相似种子对,或者存在相似种子对,但是边的谓词差值不在谓词阈值范围内。

初始相似节点列表的构建,以及种子不发芽条件的提出,为二层相似查询子图的实现提供依据。在构建的初始相似节点列表的基础上,可以通过两种方式实现相似种子到二层相似查询子图的转变。

(1)以相似种子组中的每个种子为单位,考虑存在于同一相似种子组的相邻节点。如果存在种子与相邻节点连接边的谓词差值小于谓词差阈值的相邻节点,并且相邻节点的个数大于1,则利用种子和满足条件的相邻节点及其连接

第三章 查询计划的非枚举构建算法

边,构建二层相似查询子图。

(2)以相似种子组两个子集中的任意一对节点为单位,考虑存在于同一相似种子组的相邻节点。如果两对种子的谓词连接边的谓词差值小于谓词差阈值,则利用两对种子及其连接边,构建相似查询子图。

图 3.10 给出了二层相似查询子图的构建算法。其中 current 用于记录当前的相似种子节点组,对于每个相似种子组 SimSeedGroup,首先以种子为单位(line 2),逐一选取每个邻节点作为候选查询子图,并考虑所有其他邻节点以及其边,计算出存在的二层相似查询子集,Line 8、9、10 用于避免相同的查询子图的重复构建。在这个过程中,$Extractm(a:V \rightarrow R_m)$ 函数用于获取查询图节点 V 所代表的关系表 R_m(line 5),主要目的是获得相似种子组 $SimSeedGroup_m$,利用已构建的 $SimSeedGroup_m$ 进行邻节点相似性判断(line 13),从而避免了 ComV 的计算,提高了整个算法的计算能力。其次,构建相似种子对,通过判读选取的相似种子的所有相邻节点及边,进一步构建与候选查询子图相似的二层查询子图。图 3.11 所示的为基于二层相似查询子图的构建算法的比较直观的例子。

```
GrowSimList 算法
输入:种子相似节点组SimSeedGroup,谓词差阈值Ee,查询图QueryGraph
输出:具有两个节点的相似集解SimSets₂
1: for current=0 to number Of Relations
2:  for each seed in SimSeedGroup_current
3:    neighbours(seed)=ad(seed)
4:    for each neighbour in neighbours(seed)
5:      m=Extractm( α :neighbour → Rm)
6:      candidateGraph=makeNewGraph(seed,neighbour)
7:      latestSet=∅
8:      if candidateGraph exists in any of sets of SimSet₂ then
9:        continue
10:     end if
11:     while there are more neighbours in neighbours(seed)
12:       extract another neighbour-from neighbours(seed)
13:       if neighbour'∈ SimSeedGroupm
14:         candidateGraph'=makeNewGraph(seed,neighbour)
15:       if ComE for two edges less than Ee ,Not a duplicate then
16:         if FirstMember(latestSet)!=candidateGraph then
17:           latestSet = makeSet(candidateGraph,candidategraph')
18:         else
19:           append candidateGraph' to latestSet
20:     while there are more seeds in SimSeedGroup_current do
21:       extract another seed' from SimSeedGroupcurrent
22:       grow seed' using queryGraph to form candidateGraph'
23:       candidateGraph'= makeNewGraph(seed', ad(seed'))
24:       add candidateGraph' to latestSet if ad(seed') in
              SimSeedGroupm, ComE less than Ee and not duplicate entry
25:     end while
26:   append latestSet to SimSets2
```

图 3.10 二层相似查询子图的构建算法

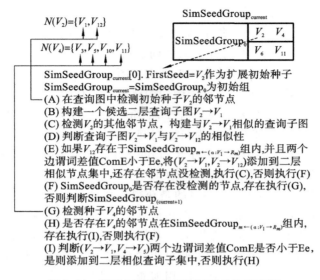

图 3.11 基于二层相似查询子图的构建实例

对 k 层相似查询子图进一步扩展,构建具有 $k+1$ 层相似查询子图的方法,与相似种子节点到二层相似查询子图的构建方法基本相似,唯一不同的是:相似种子节点到二层相似查询子图的构建,是以构建的相似节点组为基础,以种子为基本单元进行查询子图的构建,而 k 到 $k+1$ 层相似查询子集的构建,是以构建的相似查询子图集为基础,以查询子图为基本单元,而不是以单节点种子为基本单元,进行更高层相似查询子图构建。这种差异在实际算法中主要体现在候选查询子图的构建方法上,在相似种子节点到二层相似查询子图的构建过程中,候选查询子图的构建主要是考虑单节点种子的所有邻节点,而从 k 层相似查询子图到 $k+1$ 层相似查询子图的构建过程中,候选查询子图的构建则需要考虑具有 k 个节点的查询子图的所有邻节点。

定义 6 $S(V', E', T', P', a', \beta_{2'})$ 是查询图 $G(V, E, T, P, a, \beta)$ 的查询子图,VerticesNeighbours 用于获取查询子图的邻节点集合,VerticesNeighbours(s) $= \{\bigcup \{\mathrm{ad}(e)\} | e \in E'\}$。

图 3.12 说明了候选查询子图的两种不同方法。对于种子节点 V_i,通过函数 $\mathrm{ad}(V_i)$ 来求其相邻节点集,而对于具有 k 个节点的查询子图 s,需要通过 VerticesNeighbours(s) 来求其相邻节点集,所以基于查询子图的相似查询子图的构建,需要考虑更多的候选查询子图。

从 k 层相似查询子图到 $k+1$ 层相似查询子图的构建过程中,通过下面方法检测与具有 $k+1$ 个节点的候选查询子图相似的查询子图。

(1)以 k 层相似查询子图中任意查询子图为扩展单元,利用所有邻接点将其扩展为具有 $k+1$ 个节点的查询子图,任选一个扩展后的查询子图作为候选查询

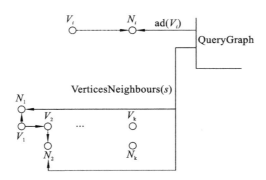

图 3.12 候选查询子图的构建方法

子图,然后比较候选查询子图与其他扩展后的查询子图之间的相似性。

(2)以 k 层相似查询子图集为扩展单元,将其扩展为具有 $k+1$ 个节点的查询子图集后,判断扩展后的查询子图集中存在的 $k+1$ 层相似查询子图。

图 3.13 所示的为 k 到 $k+1$ 层相似查询子图集的构建算法。

```
GrowsubGraph 算法
输入:k层相似查询子图集SimSet_k,谓词差阈值Ee,查询图QueryGraph
输出:具有k+1个节点的相似集解SimSets_{k+1}
1:  for current=0 to numberOfSet(SimSet_k)
2:      for each subGraph in SimSet_k[current]
3:          neighbours(subGraph)=VerticesNeighbours(subGraph)
4:      for each neighbour in neighbours(subGraph)
5:          candidateGraph=makeNewGraph(subGraph,neighbour)
6:          if candidateGraph exists in any of sets of SimSet_{k+1} then
7:              continue
8:          end if
9:      while there are more neighbours in neighbours(subGraph)
10:         extract another neighbour-from Neighbours(seed)
11:         candidateGraph'=makeNewGraph(subGraph,neighbour )
12:         if similar(candidateGraph ,candidateGraph') is true then
13:             if FirstMember(latestSet)!=candidateGraph then
14:                 latestSet = makeSet(candidateGraph,candidategraph')
15:             else
16:                 append candidateGraph' to latestSet
17:     while there are more subGraphs in SimSet_k[current] do
18:         extract another subGraph' from SimSet_k[current]
19:         grow subGraph' using queryGraph to form candidateGraph'
20:         candidateGraph' = makeNewGraph(subGraph',neighbour(subGraph'))
21:         if similar(candidateGraph ,candidateGraph') is true, append
                candidateGraph' to latestSet
22:     end while
23:     append latestSet to SimSets_{k+1}
```

图 3.13 k 到 $k+1$ 层相似查询子图集的构建方法

三、相似子图查询计划的构建

定理 1 具有 k 个节点的相似子图,任意由 m 个节点构成的这个相似子图的子图,必存在于 m 层相似查询子图集中,$1 \leqslant m \leqslant k$。

证 二层相似查询子图集中包括的相似子图的子图是节点,而二层相似查询子图集的构建可以抽象为在相似种子集的基础上,分析相似种子间谓词差值问题,所以二层相似查询子图集中包括的节点是相似种子集的子集。而 k 到 $k+1$ 层相似查询子图集的构建过程中,考虑的相似邻节点也是相似种子集的子集。综上所述,定理 1 成立。

根据定理 1 可以得出,利用前面得到的各层相似查询子图集,可以使用动态规划算法自底向上实现各层最优查询计划的构建。

在各层相似查询子图集构建完成后,ConstructPlan 算法实现各层相似查询子图集中各个查询子图的最优执行计划。k 层相似查询子图集最优执行计划构建过程如下:

(1) 相似样本采集。利用多线程并行遍历 k 层相似查询子图集中包括的每个相似集,选取其中的一个相似子图作为相似集的相似子图样本,将 k 层相似查询子图集中采集到的相似子图样本存入缓冲区。

(2) 样本计划构建。利用动态规划算法,多线程并行执行缓冲区中的相似子图样本,将相似子图转换成多个逻辑表达式,并分析每个逻辑表达式的物理表达式,最后选取具有最小成本的物理表达式作为相似子图样本的最优查询执行计划,并将得到的最优查询执行计划存入 MEMO,使其可以被更高层的相似查询子图集利用。

(3) 样本计划映射。通过查询计划映射算法,将相似子图样本的最优查询计划在相似集内进行映射,构建 k 层相似查询子图集中每个相似子图的执行计划。

图 3.14 所示的为查询执行计划映射的实例。三层相似查询子图集含有多

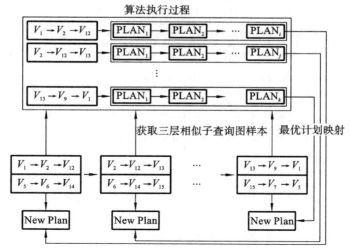

图 3.14 查询执行计划映射的实例

个相似集，ConstructPlan 首先利用多个线程并行进行相似子图样本的采集，最后得到相似子图样本集$\{V_1 \to V_2 \to V_{12}, V_2 \to V_{12} \to V_{13}, \cdots, V_{13} \to V_9 \to V_1\}$。对于获取的三层样本集，使用并行动态规划算法实现每个相似子图样本的最优查询计划的构建。例如，对于相似样本$V_1 \to V_2 \to V_{12}$，DP 算法首先会将其转换成逻辑表达式集合$\{(V_1V_2), (V_{12})\}$及$\{(V_1), (V_2V_{12})\}$，对于包含小于 3 个节点的子图(V_1V_2)、(V_{12})、(V_1)和(V_2V_{12})，依据自底向上 DP 算法，其最优查询计划已经构建完成，对于这个逻辑表达式集合，DP 算法主要是实现(V_1V_2)和(V_{12})之间，以及(V_1)和(V_2V_{12})之间连接操作方法的选取，构建最优查询计划，最后实现相似样本$V_1 \to V_2 \to V_{12}$到$V_5 \to V_6 \to V_{14}$的最优查询计划的映射。

图 3.15 所示的为相似样本和相似集中其他相似子图间最优查询计划映射算法 PlanReused。该算法将构建的最优查询计划、相似样本以及需要映射的相似子图作为输入，并将映射的最优查询计划的根节点作为输出。

```
PlanReused 算法
输入:最优查询计划Plan,相似样本Subgraph,相似子图Subgraph′
输出:Subgraph′ 的最优查询计划
1: if node is a joinPlanNode then
2:    joinType = joinType(node)
3:    leftChild = PlanReuse(leftChild(node), Subgraph, Subgraph′)
4:    rightChild = PlanReuse(rightChild(node), Subgraph, Subgraph′)
5:    newNode = buildJoinPlan(joinType, leftChild, rightChild)
6: else
7:    if node is a ScanPlan then
8:       oldBaseRel = BaseRel(node)
9:       newBaseRel = FindBaseRel(Subgraph, Subgraph′, oldBaseRel)
10:      newNode = buildScanPlan(newBaseRel)
11:   end if
12:   if node is an IndexPlan then
13:      oldBaseRel = BaseRel(node)
14:      newBaseRel = FindBaseRel(Subgraph, Subgraph′, oldBaseRel)
15:      newNode = buildIndexPlan(newBaseRel)
16:   end if
17:end if
18:return newNode
```

图 3.15　PlanReused 算法

第五节　相似查询子图集构建算法的优化

一、优选相似种子对

在构建的初始相似节点列表的基础上，以相似种子对为基础构建二层相似查询子图时，前面的方法是考虑子集 OL 和 SL 中的任意一对相似种子对。这种方法选择的相似种子对有可能不满足发芽条件,会导致很多无效种子对的选择。有些种子对即使发芽,但由其构建的二层相似子图数量也是很少的,即发芽率低。为了避免无效种子对的选择,提高种子对发芽率,必须优选种子对,即尽量选择满足如下条件的种子对。

条件一:种子对存在相似节点的邻接点,即该种子对可以扩展为二层相似子图。

条件二:种子对能够发展演变成很多的二层相似子图,即种子发芽率很高。

但是依据前面的方法,无法判断种子对是否是无效种子,以及其发芽率的高低。为了实现种子对的优选,使查询图中的节点能够体现出这样的信息,对查询图中的每个节点添加两个数组 O 和 S,两个数组的长度等于查询语句中包含的关系数。对于节点 V_n 和关系 R_i,数组 $O_n[i]$ 表示节点 V_n 的邻接点集合中,通过函数 a 映射后,结果是关系 R_i 的邻接点个数,数组 $S_n[i]$ 表示节点 V_n 的邻接点集合中,与 R_i 的关系差小于关系差阈值的节点数量。图 3.16 给出了关系差阈值为 0.3 时,查询图每个节点的 O 和 S 数组。

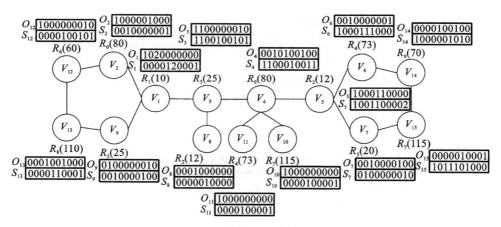

图 3.16　数组 O 和数组 S 的例子

具有 m 个关系的查询图 G,通过下面的公式可以计算出相似种子对 (V_i, V_j) 的发芽率:

$$\text{SproutingSeedNum} = \sum_{k=1}^{m} \text{Sr}(i,j,k)$$

$$\text{Sr}(i,j,k) = \begin{cases} O_i[k] + \min\{O_j[k] - O_i[k], S_i[k]\}, & O_i[k] \leqslant O_j[k] \\ O_j[k] + \min\{O_i[k] - O_j[k], S_j[k]\}, & \text{其他} \end{cases}$$

SproutingSeedNum 通过分析相似种子的邻接点与各关系的相似性,来计算所能构建的二层相似子图数。Sr 主要由两部分构成:对于关系 R_k,第一部分是分别考虑相似种子对每个种子的邻接点集合中,通过 a 映射后,结果是关系 R_k

的邻接点个数,以及其中较小的数量作为可构建的二层相似子图数($O_i[k]$或$O_j[k]$);第二部分在排除第一部分构建的二层相似子图的基础上,进一步将剩余的代表关系R_k的节点数和与关系R_k相似的邻接点数相比较,将较小的节点数量作为可构建的二层相似子图数。两部分的和为基于关系R_k相似性判断的可构建的二层相似子图数量,通过 Sr 遍历执行所有关系,最后得到相似种子对可构建二层相似子图总的数量。

SproutingSeedNum 用于计算相似种子对能够推导出的二层相似查询子图的个数,如果 SproutingSeedNum 等于 0,说明该相似种子对为无效种子对。在相似种子对选择过程中,应排除无效种子对的选择,并且选择 SproutingSeedNum 数值较大的相似种子对进行扩展,即优选发芽率较高的相似种子对。

二、优选相似子图集

在查询子图集扩展的过程中,依据前面介绍的方法,各层查询子图集中的任意相似集都需要进一步被扩展,这种方法的优点是可以构建更多的相似查询子集,从而计算查询计划的构建时间。然而,当查询语句相当复杂时,随着关系以及谓词的增加,当关系的数量超过 30 个,并且查询图接近全连接时,查询子图的数量将会接近查询图节点数的二次方。这种情况下,构建相似查询子集所消耗的时间会相当大,以至于将抵消查询计划映射所节省的时间,并会导致内存无法存储所有的相似查询子集。

为了进一步提高内存的能力以及节省计算时间,需要重新考虑查询子图集的扩展方法。在每层查询子图集扩展时,采用一种剪枝方案,只考虑其中包含相似子图较多的相似集进行扩展,避免包含少量相似子图的相似集的扩展。这样虽然会损失查询计划映射所带来的好处,但同时会节省大量的时间。在自底向上构建各层相似查询子图集各相似集的最优查询计划过程中,这种剪枝方案会导致相似子图的最优查询计划不存于已构建的低层查询子图集。但是,动态规划算法会重新构建该子图的最优查询计划,所以剪枝方案不会影响查询计划的质量。注意,当查询图是稀疏类型时,这种剪枝方案是不可取的。

相似种子对的优选方案以及相似集的剪枝方案可以利用设定一个固定参数 SproutingNum 来实现,如果相似种子对构建的二层相似子图和相似集包含的相似子图数量小于 SproutingNum,则该相似种子对和相似集被剪枝,不对其进行扩展。

候选相似种子对的选取过程中,基于获取的所有候选相似种子对 SproutingSeedNum,将最大的 SproutingSeedNum 赋值给 largestSeedStrength,SproutingNum＝largestSeedStrength/j,对于不同的值 j,SproutingNum 具有不

同的值。设剪枝参数 $\gamma=1/j$,当 γ 为 1 时,剪枝方案只选择能够构建最多相似子图的相似种子对作为候选种子对。由于 γ 不为 0,所以避免了无效种子对成为候选种子对。层相似查询子图集扩展过程中,将最大相似集的相似子图数赋值给 largestSetStrength,SproutingNum=largestSetStrength/j。设剪枝参数 $\gamma=1/j$,当 γ 为 1 时,剪枝方案执行绝对剪枝,只选择具有最多相似子图的相似集进行扩展,对包含相似子图数量小于 SproutingNum 的相似集合实施剪枝。

图 3.17 所示的为剪枝优化方法的实例。在候选相似种子对的选择过程中,通过计算得到相似种子对 largestSeedStrength 是 16,而剪枝参数是 0.25,于是所有 SproutingSeedNum 小于 4 的相似种子对将被剪枝。在层相似查询子图集扩展过程的应用中,最大相似集含有的相似子图数是 60,通过给定的剪枝参数计算,SproutingSetNum 小于 15 的相似集将被剪枝。

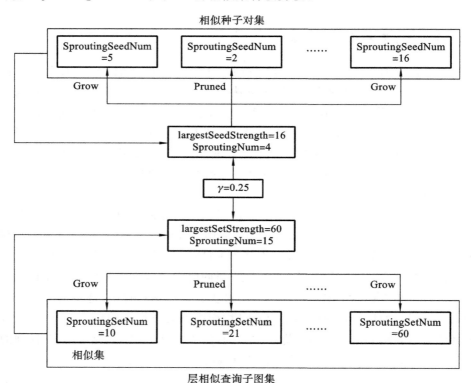

图 3.17 剪枝优化实例

三、基于相似查询子图集的 IDP 算法

动态规划 DP 算法可以保存所有构建的最优查询计划,其优点是可以构建

全局最优的查询执行计划,而对于复杂的查询,自底向上构建局部最优执行计划时,有限的内存可能并不能完全存储已构建的最优查询计划。例如,对于包含 30 个关系的数据库查询,DP 算法可能在构建包含 15 个查询图节点的子图最优查询计划时,其所构建的局部最优查询计划的大小已经超出了内存的能力。利用 IDP 算法可以减少构建的局部最优查询计划的数量,基于相似判断算法,避免大量逻辑表达式的构建,因而可以一定程度上减少搜索空间的大小,但是并不能减少构建的最优查询计划的空间。IDP 与 DP 之间的成本模型以及枚举规则是相同的,所以 IDP 算法能够很容易地整合到现存的基于动态规划方法的查询优化器中,对于复杂的查询,可以将这两种方法相结合,进一步提升内存的处理能力。

图 3.18 所示的为 IDPP_SIM 算法。IDPP_SIM 算法通过递归的方式,避免了生成指数级最优查询计划。首先设定参数 k,k 的最小值是 2,最大查询语句具有的关系数是 rel,然后通过自底向上动态规划构建具有 $2,3,\cdots,k-1$ 个关系

```
IDPP_SIM算法
输入:查询图QueryGraph,参数k
输出:最优查询计划
1: numRels = numOfRels(Query)
2: numOfIterations = numRels/k
3: Sets₁ = makeSeedList(Query)
4: for iteration = 0 to numOfIterations -1 do
5:   QueryGraph=makeQueryGraph(plans[1])
6:   ecs=Ecs(QueryGraph,k)
7:   ecs_pair_PO=BuildPartialOrder(Ecs-pairs_IDP(ecs))
8:   for lev = 2 to k do
9:     if lev=2 then
10:       Sets₂ = GrowSimList(Sets1,ecs_pair_PO₍₂₎)
11:       for t ← 1 to m /*m个线程并行执行*/
12:         Pool.SubmitJob(newBuildPlanRel(Plans,ecs_pair_PO₂,Sets₂));
13:       pool.Sync();
14:       Plans[2]=MergeAndPrunePlans(MEMO, {memo1,...,memom});
15:     else
16:       if Sets_{lev-1} can be extended to get new subgraph sets then
17:         Sets_{lev} = GrowSelectedSimList(Sets_{lev-1}, pruneFactor)
18:         delete(Sets_{lev-1})
19:       end if
20:       for t ← 1 to m
21:         Pool.SubmitJob(newBuildPlanRel(Plans,ecs_pair_PO_{lev},Sets_{lev}));
22:       pool.Sync();
23:       Plans[lev]=MergeAndPrunePlans(MEMO, {memo1,...,memom});
24:     end if
25:   end for
26:   Plans[lev] = makeGreedySelection(Plans[lev])
27:   participatingRels = relationsIn(Plans[lev])
28:   Plans[1] = Plans[1] - 1-wayPlansFor(participatingRels) + Plans[lev]
29: end for
30: return Plans[lev]
```

图 3.18　IDPP_SIM 算法

的子查询计划，构建的子查询数量分别是 $C_2^n, C_3^n, \cdots, C_{k-1}^n$，在构建具有 k 个关系的子查询计划以后，通过 greedily 算法，在构建的查询计划"C_k^n 中选择一个具有最小成本查询计划，不保留剩余的 C_k^n-1 个查询计划，并且在进一步递归之前，删除构建的具有 $2,3,\cdots,k-1$ 个关系的子查询计划，执行选取的最小成本查询计划，将其执行结果作为新节点，开始新的递归。IDP 算法设定参数 k 的原则是，内部动态规划算法 DP 运行构建的最优查询计划的大小在内存的处理能力范围内。在上面提到的例子中，由于动态规划算法在构建包含 15 个查询图节点的查询子图最优查询计划时，构建的局部最优查询计划的大小超过了内存的能力，所以参数 k 的设定不能超过 15。通过 IDP 与相似查询子图判断方法的结合，构建基于相似查询子图的并行 IDP 算法，简称 IDPP_SIM 算法，其优点是可以进一步扩大参数 k 的值，减少 makeGreedySelection 算法的使用次数，提高获取的查询计划的质量。

第六节　相似查询子图集的构建算法性能分析

实验的目标是证明本章提出的算法适合于复杂的数据库查询，能够在降低其复杂度的基础上，提高查询的执行性能。实验设备是 DELL 2950 服务器。表 3.1 给出了三种基于自底向上方式的动态规划并行算法。

表 3.1　实验算法

Building Method	Description
基于相似查询子图集的 DP 并行算法	DPP_SIM
基于相似查询子图集的 IDP 并行算法	IDPP_SIM
基于 size-driven 自底向上动态规划算法	PDPsva

在实验中，我们比较分析了 DPP_SIM、IDPP_SIM 以及 PDPsva 三种并行算法随着查询中包含关系表的数据的增加，运行时间的变化。在实验中，查询计划的运行时间分为两个部分：查询计划的构建时间和查询计划的执行时间。

图 3.19(a) 所示的为三种并行算法执行全连接查询的运行时间。如图 3.19(a) 所示，PDPsva 算法查询计划的构建时间是最短的，这主要是由于对于全连接查询，IDPP_SIM 和 DPP_SIM 算法中使用的 BuildSRQSOrder 算法是冗余的，BuildSRQSOrder 算法成为影响这两种算法的主要因素。而对于 IDPP_SIM 和 DPP_SIM 算法，由于 IDPP_SIM 在 DPP_SIM 算法的基础上，进一步通过 IDP 算法的随机性减少了构建局部最优查询计划的数量，在一定程度上减少搜

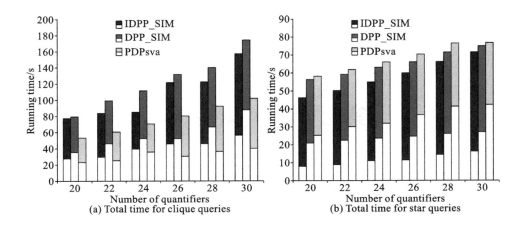

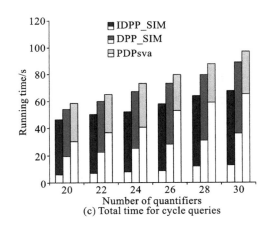

图 3.19 三种并行算法的查询计划构建时间及计划执行时间

索空间的大小,所以 IDPP_SIM 的查询计划构建时间要比 DPP_SIM 算法的少。PDPsva 算法是完全基于确定性方法构建查询计划的,其构建查询计划是最优的,所以查询计划的执行时间是最快的。而 DPP_SIM 算法中依据阈值构建查询子集的方法,在一定程度上属于随机性方法,其构建的查询计划是非最优查询计划,所以查询计划的执行时间要慢于 PDPsva 算法。而 IDPP_SIM 算法在DPP_SIM 算法的基础上,进一步通过 IDP 加深其算法的随机性程度,所以查询计划的执行时间要慢于 PDPsva 和 DPP_SIM 算法。图 3.19(b)所示的为三种并行算法执行星型连接查询的运行时间。如图 3.19(b)所示,PDPsva 总的运行时间是最长的,其次是 DPP_SIM 算法,最短的是 IDPP_SIM 算法。三种并行算法查询计划的构建时间比较,正好与总运行时间的排序相反。将三种并行算法构建的查询计划的执行时间进行比较,其顺序与总运行时间的排序相同。图

3.19(c)所示的为三种并行算法执行环状连接查询的运行时间,其运行结果与图 3.19(b)所示的相似。图 3.19 所示的实验结果显示,对于环状和星型连接查询, IDPP_SIM 算法是最优的。

第七节 本章总结

为了缓解搜索空间对于动态规划枚举算法的限制,本章在构建搜索空间的查询计划过程中,首先对其中存在的相似查询子图进行了判断,构建了相似查询子图集合。相似查询子图集的构建主要分三个步骤,相似种子组的判断是构建相似查询子图集的基础。因此,首先依据关系差值和关系阈值差构建相似种子节点组,其次根据构建初始相似节点列表,以及种子不发芽条件,通过两种方式实现相似种子到二层相似查询子图的转变。

(1)以相似种子组中的每个种子为单位,考虑存在于同一相似种子组的相邻节点,如果存在种子与相邻节点连接边的谓词差值小于谓词差阈值的相邻节点,并且相邻节点的个数大于 1,则利用种子和满足条件的相邻节点及其连接边,构建二层相似查询子图。

(2)以相似种子组两个子集中的任意一对节点为单位,即相似种子对,考虑存在于同一相似种子组的相邻节点,如果两对种子的谓词连接边的谓词差值小于谓词差阈值,则利用两对种子及其连接边,构建相似查询子图。

最后,进一步扩展二层相似查询子图,实现从 k 层到 $k+1$ 层相似查询子图的构建。

当各层相似查询子图集构建完成后,ConstructPlan 算法通过相似样本采集、样本计划构建和样本计划映射,实现了各层相似查询子图集中各个查询子图的最优执行计划。

本章最后对相似查询子图集的构建算法进一步实施了三个方面的优化:

(1)相似种子对有可能不满足发芽条件,会导致很多无效种子对的选择,为了避免无效种子对的选择,提高种子对发芽率,对相似种子进行了优选。

(2)当查询语句相当复杂时,构建相似查询子集所消耗的时间会相当大,以至于会抵消查询计划映射所节省的时间,导致内存无法存储所有的相似查询子集。为了进一步提高内存的能力以及节省计算时间,需要重新考虑查询子图集的扩展方法。在每层查询子图集扩展时,采用一种剪枝方案,只考虑其中包含相似子图较多的相似集进行扩展,避免包含少量相似子图的相似集的扩展,这样虽然会损失查询计划映射所带来的好处,但同时会节省大量的时间。

（3）对于复杂的查询，在自底向上构建局部最优执行计划时，有限的内存可能并不能完全存储已构建的最优查询计划。将 IDP 与相似查询子集相结合，进一步减少了构建的局部最优查询计划的数量，避免大量逻辑表达式的构建，一定程度上减少搜索空间的大小。

第四章
多核环境下查询计划的执行策略

第一节 引 言

　　查询计划的执行策略一直是数据库系统优化的关键组成部分。根据执行层次的不同,查询计划的执行策略包括两个主要部分:最优查询计划的执行策略和操作算法的执行策略。在单处理环境中,数据库管理系统的执行单元在执行获取的查询计划前,需要构建查询计划的执行计划。执行计划的构建主要是依据最小工作量完成的,查询优化算法只需要找到该查询计划的一个具有最快响应时间的执行计划,由于单处理的计算机系统环境中,计算任务的响应时间与该计算任务的工作量是成正比的,所以查询计划的执行计划同时应具有最小工作量的特性。在多核的计算机系统环境中,要获取查询计划的具有最快响应时间的执行计划,不仅需要考虑查询计划任务中可并行的子任务,更重要的是需要分析各个子任务的并行执行策略。数据库管理系统优化组件的重要任务是构建具有最小响应时间的执行计划,工作量的大小不是优化组件的关键部分。对于查询计划的执行策略优化方面的研究主要集中在最优查询计划的执行策略和操作算法的执行策略这两个方面。

　　对于流水线并行问题研究,Schneider 和 Ziane 等首先提出了三种一阶段查询计划执行模型,不同于一阶段查询计划模型,大量文献对于两阶段数据库查询算法进行了深入的研究,提出了两阶段并行数据库查询算法,进一步优化了两阶段方法。Ganguly 等提出了数据库查询操作树概念,将数据库查询语句表示成查询操作树,依据查询操作树进行任务分割,构建查询计划的并行执行模型,并给出了可以支撑多种并行连接算法的左线性树查询计划执行的动态规划方法。Hongjun Lu 等对浓密树查询计划模型进行了研究,提出了浓密树查询计划非流水线并行执行算法。Lanzelotte 和 Sheketa 等进一步对浓密树查询计划模型展开研究,并提出了浓密树查询计划流水线并行执行算法。Hong Wei 提出了一种以共享内存为并行结构,以资源利用率为目标,以并行排序合并连接算法为基础的查询计划并行执行优化算法。Ming-Ling Lo 等研究了以流水线方式为基础的并行数据库的处理机分配问题。

但是这些相关研究的运行平台都不是多核处理器,多核处理器的普及改变了原有数据库对于查询计划优化执行的研究方向,内存与二级高速缓冲存储器层次的访问延迟成为影响数据库执行性能的主要矛盾,需要重新以线程为单位考虑查询计划的并行执行问题。这些改变为查询计划的执行策略研究提供了机会,同时也提出了挑战。现阶段,基于多核环境特有的架构以及硬件特点来分析研究这些问题的文献还非常少。John Cieslewicz 等提出一种并行缓冲区的概念,通过将并行缓冲区插入查询计划中相邻数据操作间,实现查询计划的数据操作间并行执行。Garcia 等分析改进了并行缓冲区的概念,进一步通过对查询计划中各个数据操作工作量的分析,实现了动态的并行缓冲区分配。Ralph Acke 等通过对查询计划中数据操作类型的分析,以及对查询计划中子任务的封装,实现了查询计划的并行执行。但相对于并行数据库的研究,基于多核环境的查询计划并行执行策略的研究还很不够,如何针对现在主流的硬件环境,实现查询计划的多线程并行执行,缓解内存与二级高速缓冲存储器之间的访问延迟问题,获得最大的资源利用率,仍然是查询计划优化执行的主要问题。

对于连接操作算法的执行策略优化问题,可以分为两类:存储器访问优化和并行优化。其中有两类方法实现存储器的访问优化:分解和预取。在多线程处理器出现前,连接操作算法的研究主要针对如何解决数据库的磁盘和内存之间的访问延迟问题,以内存容量为参数,考虑通过分解方法进行存储器访问优化。Shatdal 提出了基值多路分解算法,这种算法具有非常好的存储器存取模式。Boncz 等对于基值多路分解算法进行了改进,主要基于分解方法思想,其过程由两个阶段构成,首先对参与连接的关系表进行基值多路分解,然后实现分解后的子关系对的连接操作。在第一阶段中,通过分析每次基值分解后,由多个线程执行的关系簇的大小是否满足一定级别的存储器,来提高多级存储器的访问命中率,最小化存储器伪共享,减少访问延迟。Shimin Chen 使用软件预取来减少二级缓冲存储器 L2_Cache 的访问延迟,并提出了两种预取算法,即 group prefetching 和 pipeline technology。S. Chen 等应用两种预算方法实现了基于软件预取的多线程的 Hash 连接算法。对于连接操作算法并行优化问题,Bitton 等首先提出了并行循环嵌套连接算法。Patrick Valduriez 等提出了并行排序合并连接算法以及简单并行 Hash 连接算法。David J 等对并行连接算法进行了综述。

随着同时多线程(simultaneous multithreading,SMT)技术、超线程技术以及多核硬件体系结构的普及,多线程处理器成为高性能微型计算机的标准,连接操作算法并行优化问题的内容发生了变化。多核计算机体系结构采用多级高速缓冲存储器,通过减少高速缓冲存储器访问延迟,提升高速缓冲存储器的访问性能,或通过提高线程级并行性来消除高速缓冲存储器延迟。如何能够实现算法线程级并行问题成为当今并行连接算法的重点。Garcia 等在查询执行树上将 Hash 连接分解成多个操作符组成的流水段执行,每个操作符包括一个多线程共享的并行分组缓冲区。Jingren Zhou 基于同时多线程系统,通过为每个基本数据操作分配两个执行线程,来优化 Hash 连接。Cieslewicz 等基于 MTA-2 环境,依据分解方法思想,利用多个线程实现了分解后的关系簇的连接,提升了连接操作的性能。

为了提高 Cache 的利用率,现阶段大多数多核处理器都采用共享 Cache 的体系结构,但是当多个线程同时访问共享 Cache 时,可能会引起 Cache 的访问冲突问题,因此如何减少 Cache 访问冲突、提高 Cache 命中率成为连接操作算法面临的主要问题。通过相关工作的阐述,了解现在最优查询计划的执行策略和操作算法的执行策略面临的主要问题。本章将以共享 Cache 的多核体系结构为平台,分析解决查询计划执行过程中面临的主要问题。

第二节 关系数据库系统固有并行性

关系查询一般由多个基本数据操作组成,关系集合作为查询计划的数据源头,与这些基本数据操作形成一个查询树,即关系代数系统。由于关系代数基本数据操作的相对独立性,以及关系代数的封闭性,关系查询计划具有如下三种固有并行性:

(1) 数据操作间的流水并行性(pipelining parallelism);

(2) 数据操作间的独立并行性(inter_operator parallelism);

(3) 单数据操作内的并行性(intra_operator parallelism)。

设 (σ, R) 是关系代数系统,参数 σ 是数据操作集合,R 是关系集合,数据库查询是 (σ, R) 上的代数表达式。对于一个数据库查询 $Q(\sigma, R)$,设 $op \in \sigma$,$input(op) \in R$ 表示 op 的输入关系,$output(op) \in R$ 表示 op 的输出关系。

定义 1 设 $B=(W, R, S)$ 是一个主存缓冲区,其中 S 是用于存储数据的队列,W 是写指针,R 是读指针,W 和 R 的初始值皆为空。

操作 $produce(X, B, k)$ 定义如下:

if(S 中可用空间 $<k$)   then 等待 S 可用空间 $\geqslant k$;

在 X 中提取 k 个数据写到 S 的第 W 到第 $W+k-1$ 单元;

调整读写指针 R 和 W；

操作 $\mathrm{consume}(X,B,k)$ 定义如下：

if(S 中数据个数<k)　then 等待 S 数据个数$\geqslant k$；

从 S 读出第 R 到 $R+K-1$ 单元的数据传送到 X；

调整读写指针 R 和 W；

定义 2　设 $\mathrm{OP}_1,\mathrm{OP}_2\in\sigma$，若 $\mathrm{output}(\mathrm{OP}_1)\bigcap\mathrm{input}(\mathrm{OP}_2)\neq$ 空集，则称 OP_2 直接依赖 OP_1，若两个数据操作无依赖关系，则称它们互相独立，如图 4.1 所示。

图 4.1　数据操作间依赖关系

定义 3　设 $\mathrm{OP}_1,\mathrm{OP}_2\in\sigma$，如果 $\mathrm{OP}_1,\mathrm{OP}_2$ 相互独立，则称之为可独立并行执行(inter_operator parallelism)，如图 4.2 所示。

图 4.2　数据操作间独立关系

定义 4　设 $\mathrm{OP}_1,\mathrm{OP}_2\in\sigma$，$B=(W,R,S)$ 是一个主存缓冲区。若 OP_1 含有 $\mathrm{produce}(\mathrm{output}(\mathrm{OP}_1),B,k)$ 操作，OP_2 含有 $\mathrm{consume}(\mathrm{input}(\mathrm{OP}_2),B,k)$ 操作，则称 OP_2 在缓冲区 B 上以流水线方式依赖于 OP_1，如图 4.3 所示。

图 4.3　数据操作间流水线依赖关系

定义 5　设 $\mathrm{OP}_1,\mathrm{OP}_2\in\sigma$，若 OP_2 在缓冲区 B 上以流水线方式依赖于 OP_1，则称两操作可以按流水线方式并行操作(pipelining parallelism)。两个数据操作可以按流水线方式并行执行意味着一个操作(producer)的输入是另一个操作(consumer)的输出。

定义 6　设 $\mathrm{OP}\in\sigma$，若 OP 可分为多个可独立并行执行或按流水线方式并行执行的子操作，则称之为可并行执行的操作(intra_operator parallelism)。

关系数据库系统的三种固有并行性既不需要重新设计新的并行数据操作算法,也不需要修改现有的顺序数据操作算法,因此可以利用传统的顺序数据操作算法来实现关系查询计划的并行执行,为数据查询计划的并行执行策略的研究提供了有利的条件。

第三节　查询计划并行执行算法

查询计划的并行执行策略问题,特别是查询计划中执行任务的识别以及资源调度问题,基于多核特有的架构以及硬件特点来分析研究这些问题的文献非常少。本节在假设查询计划是依托前面的枚举遍历或非枚举遍历算法构建的最优查询计划的前提下,利用数据流分解方式以及任务分解方式,提出了基于多核环境的查询计划并行执行策略框架,基本思想是通过查询计划的数据流标识、任务分解以及子任务在多线程中的分配来实现查询计划的并行执行。给出了一些实现算法,包括查询计划到数据流执行计划的转变算法、数据流执行计划到数据流并行执行计划的转变算法。

一、数据流执行策略树

生产者/消费者(producer/consumer)运行方式是典型的数据流方式。而数据流方式有一个典型的问题,即一个任务的输出是另一个任务的输入,如果将两个任务采用不同的线程并行执行,那么消费者线程需要一直等到生产者完成其工作的时候才能开始执行。

设 Plan$=((R_1 OP_1 R_2)OP_2 R_3)OP_3(R_4 OP_4 R_5)$是依据前两章枚举或非枚举算法构建的查询语句 Q 的优化查询计划,其中,OP_i 表示连接数据操作,R_i 表示操作关系表。查询计划具有如下特点:查询计划中的叶子节点是关系表,关系表是查询计划的数据输入源,查询计划中的数据操作间具有生产者/消费者流水线模式的执行特点。依据查询计划的特点,对查询计划中相连的数据操作进行遍历分析,如果相连的数据操作具备非完备的流水线模式,即消费者线程必须要一直等到生产者完成其全部工作的时候才能开始执行,利用 S 对其关系进行标识;如果相连的数据操作具备完备的流水线模式,即消费者线程只要等到生产者完成其部分工作的时候就能开始执行,使用 P 对其关系进行标识。利用这种方法实现查询计划树到查询计划的数据流执行策略树的映射。

设 R 是一个关系,Ψ 表示 R 的属性为变元的命题表达式,简称 R 的选择条件。对于任意 R 中的一个元组 $r \in R$,$\Psi(r)$ 表示用元组 r 的各属性值代替 Ψ 中对应变元后所取得的命题公式。如果 $\Psi(r)$ 为真,则称 r 满足条件 ε。设 π 是关系 R 的属性子集合,$\pi(r)$ 表示一个属性集合为 π 的元组中各属性值为 r 的对应属性值。令 $\theta \in \{=, \neq, >, <, \geqslant, \leqslant\}$,设 A 是关系 R 和 S 的连接属性集合,对于查询计划,基本数据操作类型及定义如下。

(1)选择和投影由 SP 操作实现:

$SP(R, \psi, \pi) = \{t | r \in R, \psi(r) \text{ 为真}, \pi(r) = t\}$,SP 的实现算法与物理存储结构紧密相关。

(2)排序操作由 Sort 操作实现:

$Sort(R, \pi)$ 按元组在属性集合 π 上的组合值的大小排序 R 中元组。

(3)排序-合并连接算法由 $Merge(Sort(R, A), Sort(S), A, \theta)$ 实现:

$Merge(R, S, \pi, \theta) = \{rs | r \in R, s \in S, \pi(r) \theta \pi(S)\}$

(4)循环嵌套算法由 Nested-Loop(S, R, A, θ) 实现:

Nested-Loop(S, R, π, θ) 利用循环嵌套算法实现 R 和 S 的连接。

(5)Hash 连接算法由 Probe(Build$(R, A), S, A)$ 实现:

Build(R, π) 按照元组在属性集合 π 上的值构建 R 的 Hash 表;

Probe(H, S, π) 用关系 S 的元组按照属性集 π 搜索匹配由关系 R 建立的 Hash 表 H。

定义 7 流水线执行树是一个加权有向树,PT$=(P(V, E), U, F)$ 中,$P(V, E)$ 是查询计划树,V 是节点集合,可以是关系(叶节点)或基本数据操作(内节点),E 是边集合,用于描述关系与基本数据操作之间的关系(叶节点与内节点),或基本数据操作之间的关系(内节点间),如果 V_1 的计算结果作为 V_2 的输入操作数,则存在有向边 $(V_1 \rightarrow V_2) \in E$,$F$ 是边到 U 的映射函数,U 是集合 $\{P, S\}$。

确定查询计划中数据操作间的完备和非完备流水线关系需要两个阶段。首先,需要将查询计划 SPJ 树中每个连接操作节点替换成由基本数据操作构成的子树,即将抽象的连接操作转换成具体的数据操作实现,并利用定义的 SP 操作实现其选择和投影数据操作。设 J 是查询计划 P 中节点 node 的连接算法,节点 node 的输入关系 R 和 S 可以是具体的关系表,也可以是给节点子树的输出结果。

如果 J 是 Hash 连接算法,$|R| < |S|$,依据图 4.4(a)所示的转换规则替换 Hash Join 节点,且

(1)如果 R 或 S 是关系,则在 R 或 S 关系节点上插入 SP 操作节点;

(2)如果 J 的输出上需要执行 SP 操作,则在 J 节点上插入 SP 操作节点;

(3)如果 J 是查询计划的根节点,则在 J 节点上插入 SP 操作节点。

如果 J 是 Nested-Loop 连接算法,依据图 4.4(c)所示的转换规则替换

Nested-Loop 节点,且

(1)如果 R 或 S 是关系,则在 R 或 S 关系节点上插入 SP 操作节点;
(2)如果 J 的输出上需要执行 SP 操作,则在 J 节点上插入 SP 操作节点;
(3)如果 J 是查询计划的根节点,则在 J 节点上插入 SP 操作节点。

如果 J 是 Merge-Sort 连接算法,依据图 4.4(b)所示的转换规则替换 Merge-Sort 节点,且

(1)如果 R 或 S 是关系,则在 R 或 S 关系节点上插入 SP 操作节点;
(2)如果 J 的输出上需要执行 SP 操作,则在 J 节点上插入 SP 操作节点;
(3)如果 J 是查询计划的根节点,则在 J 节点上插入 SP 操作节点。

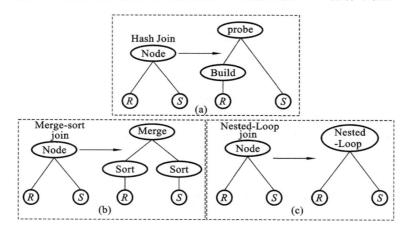

图 4.4 连接算法的转换规则

其次,基于依据上面方法构建的基本数据操作查询计划,确定查询计划中数据操作间的完备和非完备流水线关系。遍历查询计划的每个边 (n,m),n 是父节点,m 是子节点。如果 n 是 Sort 操作,即 Sort 操作节点是消费者,由于 Sort 操作节点必须要等到生产者完成其全部工作的时候才能开始执行,也就是先执行 m 再执行 n,所以生产者节点 m 与消费者节点 n 之间相连的数据操作具备非完备的流水线模式,利用 S 对其进行标识;如果 n 是 Probe 操作,m 是 Build 操作,由于消费者节点 Probe 必须要等到生产者节点 Build 完成 Hash 表的构建后才能执行,也就是先执行 m 再执行 n,所以生产者节点 m 与消费者节点 n 之间相连的数据操作具备非完备的流水线模式,利用 S 对其进行标识;而如果 n 是 Probe 操作,m 不是 Build 操作,由于生产者节点 m 的部分结果可以被消费者节点 n 执行,即从生产者节点 m 到消费者节点 n 之间可以按照流水线方式并行执行,故相连的数据操作具备完备的流水线模式,利用 P 对其进行标识;如果 n 是 SP、Build 或 Merge 消费节点,生产者节点 m 与其关系具备完备的流水线模式,从生

产者 m 到消费者 n 之间可以按照流水线方式并行执行,利用 P 对其进行标识。图 4.5 给出了流水线查询执行树的构建算法 Tree_Pipeline。图 4.6 给出了查询计划到流水线查询执行树映射的实例。

```
Tree_Pipeline算法
输入:最优查询计划树P,树的高度n
输出:P的流水线执行树
    //SPJ类型查询计划的转变
    for every join node j
     Restructure P using the rule of Interchange to replace j
    //数据操作间完备与非完备流水线模式关系的判断
    for i=n-1 to 0 step-1 do
        for every node a of i do
            if α is leaf node
              then insert a scan operator as the father of α and assign p as the weight of them
            else if a selection or projection operation need to be executed on the output of α
              then insert a scan operator as the father of α
            else if α is the root of T and selection or projection need on the output of v
              then insert a scan operator as the new root of T and the parent of α
            if the father operator of α is sort
              then assigning s as the  weight of a and its father node
            if the father operator of α is probe
              if the operator of a is hash
                then assigning s as the  weight of a and its father node
                else then assigning p
            if the father operator of α is one of  {Merge, nested-loop, Scan or hash}
              then assigning p as the weight of a and its father node
            if a selection or projection operation need to be executed on the output of α
              then assigning p as  the  weight of a and its father node
```

图 4.5　流水线执行树的构建算法

二、并行数据流执行策略图

定义 8　给定流水线执行树 $PT=(P(V,E),U,F)$,非完备流水线树 $FT=(V',E')$ 是一个有向边加权数,V' 是节点集合,它是流水线执行树 PT 中仅包括权为"P"的最大的查询子图,E' 是边集合。对于流水线执行树 PT 中任意的边权值为"S"的边 $(V_i \to V_j) \in E$,在非完备流水线树 FT 中一定存在一个对应的边 $(V_i' \to V_j')$,其中 V_i' 是与 V_i 对应的 FT 中的节点,V_j' 是与 V_j 对应的 FT 中的节点。

非完备流水线树具有如下特点:非完备流水线树 FT 每个节点是一个查询子树,此查询子树可以使用多线程流水线并行执行。而对于存在共同边的两个节点,由于其具有非完备流水线权值,故必须依据其有向边顺序执行。依据非完备流水线树的特点,在构建流水线执行树的基础上,本节首先将依托流水线执行树中具有的非完备流水线权值的边,对其进行任务分解,构建节点内操作并行、节点间串行的非完备流水线树。

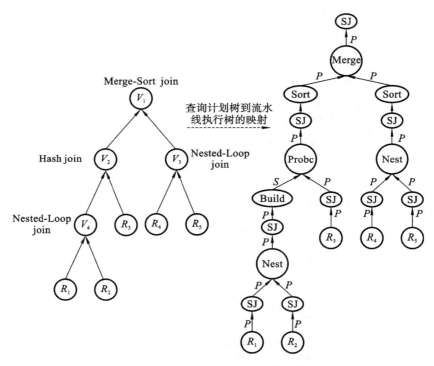

图 4.6 流水线执行树的构建实例

图 4.7 给出了图 4.6 所示的流水线执行树到非完备流水线树的构建例子。FT 中 $N(1)$ 与流水线执行树中 V_1、V_2、V_3、V_4 构成的查询子树相对应，$N(2)$ 与流水线执行树中 V_5、V_7、V_{10}、V_{14} 构成的查询子树相对应，$N(3)$ 与流水线执行树中 V_6、V_8、V_{11}、V_{12}、V_{15}、V_{16} 构成的查询子树相对应，$N(4)$ 与流水线执行树中 V_9、V_{13}、V_{17}、V_{18}、V_{19}、V_{20}、V_{21} 构成的查询子树相对应。非完备流水线树的具体实现将在后面的算法中给出。

时序图说明了非完备流水线树查询计划中各个节点执行的时间顺序，图 4.8(a)、(b) 给出了非完备流水线树中存在的基本关系。图 4.8(a) 中 OP_1 有个子节点 OP_2，边 (OP_1, OP_2) 的权为 S，即 OP_1 与 OP_2 顺序执行。图 4.8(b) 中存在三个节点，其中 OP_2 和 OP_3 是 OP_1 的子节点，边 (OP_1, OP_2) 和 (OP_1, OP_3) 的权都为 S，即 OP_1 与 OP_2 是顺序执行，OP_1 与 OP_3 是顺序执行，而 OP_2 与 OP_3 作为非完备流水线树的叶子节点，具有数据操作间的独立并行性（inter_operator parallelism）特点，因此可以并行执行。通过时序图可以反映出非完备流水线树的执行策略，例如，图 4.8(a) 的执行策略是先执行 OP_2，再执行 OP_1，而图 4.8(b) 存在两种执行策略，可以是先并行执行 OP_2 和 OP_3，再执行 OP_1，也可以是先单独执行 OP_2 和 OP_3，再执行 OP_1。根据图 4.8(a)、(b) 两种非完备流水线树的

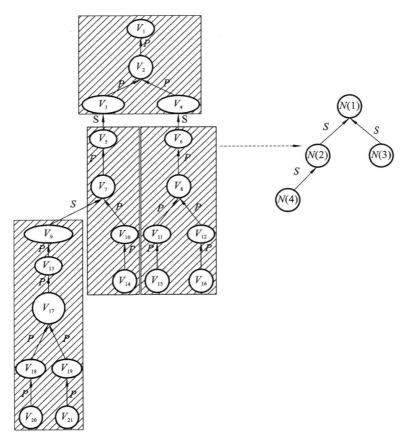

图 4.7 非完备流水线树的构建

基本关系,图 4.8(c) 实现了图 4.6 中的非完备流水线树的时序图,依据时序图,可以有三种执行策略。

在非完备流水线树存在多种执行策略的情况下,考虑到执行性能,该如何在多个执行策略中选择最优执行策略,成为非完备流水线树高性能执行的主要问题。为了解决这个问题,需要从两个方面进行优化考虑:

(1) 任务负载均衡。顺序执行的各个任务的工作量相对均等,是优化的非完备流水线树执行策略的基本要求。均衡的任务工作量可以避免由于分配给任务的工作量太小,根本不需要多线程进行执行的情况发生。

(2) 存储容量。由于存储容量的限制,逻辑上可同时执行的非完备流水线树节点,实际中不一定可以同时执行。存储容量可以考虑内存容量,或者更加细粒度地考虑多核环境下的共享二级 Cache 容量。多核体系结构采用多级 Cache 减少数据访问延迟、提高主存能力以及消除 I/O 延迟。然而主存和片上 Cache 之

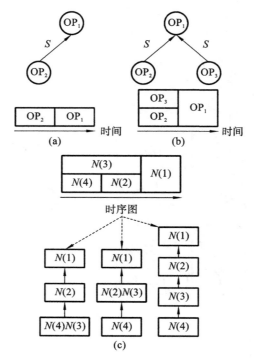

图 4.8 非完备流水线树执行策略

间的速度差越来越大,成为数据库处理能力的主要瓶颈,因而当前可以通过减少 Cache 延迟提高 Cache 的访问性能,消除 Cache 延迟。为了更好地提高多核系统环境下,非完备流水线树高性能执行,利用共享二级 Cache 容量来对并行非完备流水线树节点进行分割。

考虑到这两个问题,图 4.9 给出了流水线执行树并行执行策略的构建算法。该算法整体上通过两步完成流水线执行树的并行执行策略的构建。第一步通过构建非完备流水线树,实现流水线执行树的任务分解。第二步,首先通过考虑任务的负载均衡,将非完备流水线树中的节点按工作量的大小分配到相应框架中,其次通过分析构建的并行执行策略的各层所需的缓冲区大小,若缓冲区的容量大于共享二级 Cache 容量,则考虑对其进行分割。其中工作量和缓冲区大小的计算方法将在下一节介绍。

非完备流水线树执行策略必须顺序执行各个任务,由于非完备流水线树执行策略中的每个任务包含有多个流水线执行树的基本数据操作节点,这些基本数据操作节点可以由多线程并行完成。但是由于每个基本数据操作节点的工作量不相同,所以可将非完备流水线树执行策略中的每个任务所对应的基本数据操作集合作为基本单元,对基本数据操作节点进行线程分配,在分配过程中,应

G_T_PEG算法
输入: 流水线执行树 G
输出: 流水线执行树的并行执行策略 T_PEG
//the first step is generating the serial execution graph FT = <V′, E′>
1   VT and ET are empty collection
2   G is assigned to G_tmp
3   FORST is a forest constructed by deleting the edge of G_tmp with weight s
4   for each tree a_t of FORST do
5   VT= VT∪{a_t}
6   for each edge (v_1, v_2) of G with weight s
7   if there is a edge (a_{t1}, a_{t2})∈VT, v_1 is included by a_{t1} and v_2 is included by a_{t2}
8   Then ET = ET∪{(a_{t1}, a_{t2})}
9   The weight of (a_{t1}, a_{t2}) is assigned s
10 V′=VT; E′= ET;
//the second step is generating T_PEG using FT and workload of its node.
11 for each node v do
12   W(v)=time of executing pipeline of v by one thread /* W(v) is called the workload of v */
13   Constructing T_PEG that is isomorphic with the longest path P=(V″, E″) of FT
        A For every node v of V″, one and only one node Nv is added,
          Nv initially contains the pipelines in v, W(Nv) =W(v)
        B For every (v, w) of E″, one and only one edge (Nv, Nw) is added to T_PEG
14 for i=1 to N do
15 For every node v of (V′-P) that has the largest work W(v) and at level i of FT do
16   Step 1 find a node Nw in T_PEG that satisfies the following two conditions
          (a) The son nodes of v in T_PEG are Ns. The max level in T_PEG of Ns is Lm
          (b) Lm≤the level of Nw≤the level of v in FT
          (c) Nw satisfying (b) has the smallest work w(Nw)
        Step 2 Nw=Nw∪{pipelines in v} w(Nw)= w(Nw)+ w(v)
        Remove v and related edges from FT
17 for Every N_i∈G
18   Step 1 if the Buffer(N_t)>C, Constructing N_{t1},N_{t2},⋯,Nin by partition N_I
            that satisfies the following two conditions
          (a) for 1≤j≤n, Buffer(N_{ij})<C
          (b) n is the smallest integer that satisfies (a) condition
19   Step 2 Substitute path (Nvp, Nv, Nvs) in G by the path (Nvp,Nv1, Nvn, Nvs)
            /* Nvp and Nvs are the parent and son of Nv */

图 4.9 流水线执行树并行执行策略的构建算法

综合分析考虑到数据操作的工作量,工作量小的数据操作应该由较少的线程并行执行,工作量较大的数据操作应该由较多的线程并行执行。

T_PEG 是一个非完备流水线树执行策略,N 是总线程数,设 T_PEG(α)= $\{V_1,\cdots,V_i\}$ 是执行策略节点 α 包含的非完备流水线树节点集合,$V_j = \{v_1,v_2,\cdots,v_m\}$ 是非完备流水线树节点 V_j 包含的数据操作节点集合。对于执行策略节点 α,其内部的数据操作节点 v 的线程分配定义为

$$\{\text{work}_{v_i} / \sum_{V_j \in \text{T\_PEG}(\alpha)} \text{Work}(V_j)\} \times N$$

其中,work_{v_i} 是数据操作 v_i 的工作量,$\text{Work}(V_j)$ 是非完备流水线树节点的 V_j 工作量。

图 4.10 给出了线程分配的实现算法,该算法是基本数据操作级的线程分配方法,适合线程较多且任务内包含的数据操作节点较少时。如果任务包含的数据操作节点较多,线程就需要进行粗粒度的分配,即在考虑执行策略节点总任务

的基础上,只需要考虑非完备流水线树节点级上进行线程分配。

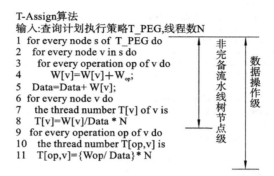

图 4.10 线程分配算法

三、工作量及缓冲区计算

生产者/消费者模型具有以下几个值得注意的特点：

(1)如果运用不当,消费者和生产者之间的相关性会造成二者之间非常显著的延迟。在特别注意执行性能的设计中,必须深刻理解生产者和消费者的相关性特点,并尽量减少延迟。也就是说,尽量避免在等待生产者线程结果的过程中,出现消费者线程必须闲置的情况。

(2)在生产者完成工作的同时消费者还在忙碌。也就是说,其他线程还在忙碌的时候,某个线程却已处于空闲状态。

要避免这些问题的发生,线程工作量的分配以及任务间缓冲区的大小至关重要,但是因为这些线程之间的逻辑关系,保证绝对的负载平衡是极其困难的一项任务。本小节主要介绍任务工作量和缓冲区的大小的获取方法。

非完备流水线树节点的工作量是其所包含的流水线执行树节点集的工作量和。设非完备流水线树节点 V 包含的流水线执行树节点集为 $v_1, v_2, \cdots, v_m$,则 V 的工作量为

$$\text{Work}(V) = \sum_{i=1}^{m} \text{work}_{v_i}$$

其中 work_{v_i} 是流水线执行树节点 v_i 的工作量,因此流水线执行树节点工作量的计算是非完备流水线树节点的工作量计算的基础。

定义 9 设 v 是流水线执行树的基本数据操作节点,d 是基本数据操作节点 v 的输入数据源,则 v 的工作量定义为 $w(v, d) = \text{Time}_{\text{CPU}} + \text{Time}_{\text{I/O}}$,其中 Time_{CPU} 是 CPU 执行数据操作 v 的处理时间,$\text{Time}_{\text{I/O}}$ 是在数据源 d 运行 v 所需要的 I/O 读/写时间。

在现有的关系数据库系统中,I/O 读/写时间一直是影响性能的关键因素。

对于流水线执行树的基本数据操作节点的工作量定义,可以忽略 CPU 执行数据操作的处理时间,因此数据操作中输入数据源的大小,成为计算流水线执行树的基本数据操作节点工作量的主要参数。执行基本数据操作的输出数据的大小,可以作为其工作量的判断依据。连接操作是最常用且最耗时的数据库操作,这里将给出估计连接操作的工作量,即操作结果大小的计算数据模型。

存在关系 R,关系 R 中的元组数量记为 $Card(R)$,$Length(R)$ 用于表示关系 R 中每个元组所占的字节数,因此关系 R 的大小为 $Size(R) = Card(R) \times Length(R)$。对于 R 的任意属性 T,T 的长度是关系 R 中每个元组属性 T 的字节数,记 $Length(R.T)$。属性 T 的取值范围为 T 的值域,即 $Dom(R.T)$,$Dom(R.T)$ 中的元素是关系 R 的属性 T 的基数,记为 $Card(Dom(R.T))$。如果对于关系 R 的属性 T 进行选择操作,获取 R 中所有元组的 T 的属性值集合,称这个集合为操作值域,记为 $Odom(R.T)$,$Odom(R.T)$ 中的元素是关系 R 的属性 T 的操作基数,记为 $Card(Odom(R.T))$。设 $\{T_1, T_2, \cdots, T_i\}$ 是关系 R 的属性集合,$D = Dom(T_1) \cdot Dom(T_2) \cdot \cdots \cdot Dom(T_i)$ 的基数值为 H,R 中每个元组都可能来自于 D,在数据库查询处理阶段,D 中每个元组属于 R 的概率是 $Card(R)/H$。

对于关系 R 和 S,设关系 R 具有属性 A 和 B,S 具有属性 B 和 C,则可依据下面的方法,估计 R 和 S 自然连接操作结果的大小。

首先计算 $Odom(R.A) \cdot Odom(R.B) \cdot Odom(R.C)$ 中任意元组 (a,b,c) 属于 R 和 S 自然连接的概率,当且仅当 $ab \in R, bc \in S$ 时,(a,b,c) 属于 R 和 S 自然连接。

根据前面的描述,$bc \in S$ 的概率是 $Card(S)/(Card(Odom(S.B)) \cdot Card(Odom(S.C)))$,由于 b 属于 $Odom(R.B)$ 的概率是 $Card(Odom(R.B)/Card(Odom(S.B))$,$b$ 属于 $Odom(S.B) - Odom(R.B)$ 的概率是 $(Card(Odom(S.B)) - Card(Odom(R.B)))/Card(Odom(S.B))$,因此当 b 属于 $Odom(S.B) - Odom(R.B)$ 时,$ab \in R$ 的概率是 0,因此 $ab \in R$ 的概率是 $((Card(Odom(S.B)) - Card(Odom(R.B)))/Card(Odom(S.B))) \times 0 + Card(Odom(R.B))/Card(Odom(S.B)) \cdot Card(R)/Card(Odom(R.A)) \times Card(Odom(R.B)) = Card(R)/Card(Odom(R.A)) \cdot Card(Odom(S.B))$。

因此,(a,b,c) 属于 R 和 S 自然连接的概率是 $(Card(S)/(Card(Odom(S.B)) \cdot Card(Odom(S.C))) \cdot (Card(R)/(Card(Odom(R.A)) \cdot Card(Odom(S.B))))$。$R$ 和 S 连接操作结果的大小为

$(Card(Odom(R.A)) \cdot Card(Odom(S.B)) \cdot Card(Odom(S.C))) \cdot ((Card(S) Card(R))/(Card(Odom(S.B)) \cdot Card(Odom(S.C)) \cdot Card(Odom(R.A)) \cdot Card(Odom(S.B)))) = (Card(S) \cdot Card(R))/Card(Odom(S.B))$

非完备流水线树节点所包括的基本数据操作是以流水线方式并行处理的,而流水线方式中生产者与消费者之间需要数据仓库进行数据交换,数据仓库的空间大小直接影响数据操作的执行性能。当生产者的生产能力大于消费者的消费能力时,如果数据仓库设置太小,就会出现生产者线程闲置的情况;当消费者的消费能力大于生产者的生产能力时,如果数据仓库设置太大,会发生消费者线程闲置的情况,同时也会造成数据仓库的利用率低下。因此,合理的数据仓库空间设置,使得生产者与消费者之间的矛盾最小,即平均等待时间最小,对于以流水线方式进行处理的基本数据操作尤其重要。

设两个相连的基本数据操作 OP_1 和 OP_2,OP_2 是数据的生产者,OP_1 是数据的消费者。在流水线执行树中 OP_1 是 OP_2 的父节点,两个基本数据操作间应设置一个数据缓冲区 Buffer 用于其数据交换。OP_2 将产生的数据结果放入 Buffer 中,OP_1 从 Buffer 中取数据进行处理。基本数据操作 OP_1 和 OP_2 按流水线方式并行执行,Buffer 没有空余容量时,基本数据操作 OP_2 空闲;Buffer 容器中没有数据时,基本数据操作 OP_1 空闲。设 OP_1 消费元组的平均速度是 α,OP_2 产生元组的平均速度是 β,output(OP_2) 是基本数据操作 OP_2 的结果集,rtime 是单数据操作的响应时间,单数据操作的响应时间在现有的关系数据库的资料文献中都有介绍,这里不再进行阐述。下面的公式用于估计 α 和 β:

$$\alpha = |\text{output}(OP_1)|/\text{rtime}$$
$$\beta = |\text{output}(OP_2)|/\text{rtime}$$

通过下面的数据缓冲区 Buffer 大小的设定,可以达到生产者与消费者之间的矛盾最小,即平均等待时间最小,有

$$m = \begin{cases} \text{The size of a tuple}, & \beta \leqslant \alpha \\ (\beta-\alpha)|\text{output}(OP_2)|/\beta, & \beta > \alpha \end{cases}$$

这是由于:

(1) 当 $\alpha = \beta$ 时,Buffer 的大小只要等于一个元组的大小,基本数据操作 OP_1 和 OP_2 之间就可以无等待的持续并行进行。于是 OP_2 的平均等待时间是 0,而 OP_1 只要等待一个元组,平均等待时间是 $1/\beta$。

(2) 当 $\alpha < \beta$ 时,由于消费的平均速度大于生产能力,OP_1 仅需要生产操作 OP_2 产生一个元组,其平均等待时间是 $1/\beta$,设时间 t 是 Buffer 填入第一个元组的时刻,$t = m/(\beta-\alpha)$。在 t 时刻之前,OP_2 不需要等待,在 t 时刻,OP_2 生产的元组数为 $\beta m/(\beta-\alpha)$,在 t 时刻后,由于 OP_2 生产一个元组需要的时间是 $1/\beta$,而 OP_1 消费处理一个元组需要的时间是 $1/\alpha$,所以 OP_2 生产一个元组需要等待 $(1/\alpha-1/\beta)$,于是生产者平均等待时间为 $(|\text{output}(OP_2)|-\beta m/(\beta-\alpha))(1/\alpha-1/\beta)$。

(3) 当 $\alpha > \beta$ 时,生产能力大于消费能力,所以生产者平均等待时间是 0。消费操作 OP_1 等待一个元组的平均等待时间是 $1/\beta$。从 OP_2 生产第二个元组开始,

OP_1 每处理一个元组需要等待 $(1/\beta-1/\alpha)$，于是消费者平均等待时间为 $1/\beta+(|output(OP_2)|-1)(1/\beta-1/\alpha)$。

可见，当 $\alpha\leqslant\beta$ 时，生产者与消费者的平均等待时间与 Buffer 的大小无关，Buffer 可以取一个元组的大小。当 $\alpha>\beta$ 时，消费者的平均等待时间与 Buffer 的大小无关，生产者的平均等待时间是 $(|output(OP_2)|-\beta m/(\beta-\alpha))(1/\alpha-1/\beta)$。可以使生产者的平均等待时间是 $(|output(OP_2)|-\beta m/(\beta-\alpha))(1/\alpha-1/\beta)=0$，解得：

$$m=(\beta-\alpha)|output(OP_2)|/\beta$$

四、并行执行策略的优化

创建新线程是开销很大的操作，建立新的执行线程、为新线程分配局部存储区、创建管理线程所需的系统数据结构的过程都会产生大量的系统级行为。因为开销很大，所以保留已创建线程是一个值得推荐的做法，这样做所带来的性能改善，将是很可观的，尤其是在速度慢的处理器上。然而，这些线程很多时候是处于睡眠状态的，只有当新任务到来时才会被分配新任务，这样使得完成管理多个线程的任务会极大地增加代码的复杂度。基于上述原因，线程池（thread pool）技术应运而生。一开始同时创建一组线程和一个按序排列的工作队列。当有新工作到来时，即进入工作队列排队等候分配线程，若线程池中有可用线程，则该线程将执行这些工作。利用线程池，可以实现线程的动态分配。非完备流水线树执行策略 T_PEG 在按顺序执行各个节点的过程中，对于其中当前将要执行的任务节点，为其分配一个具有 N 个线程的线程池。

对于数据操作级的线程分配，设存在两个相邻的数据操作 OP_x 和 OP_y，其中 OP_x 是数据消费操作，OP_y 是数据生产操作，则

（1）如果 OP_y 将产生的数据结果放入 Buffer 过程中，发现 Buffer 是空的，并且线程池中有空闲线程，则 OP_y 可以申请增加线程。

（2）如果 OP_x 将消费 Buffer 中的数据时，发现 Buffer 是满的，并且线程池中有空闲线程，则 OP_x 可以申请增加线程。

对非完备流水线树节点级分配，非完备流水线树执行处理节点如果包括多个非完备流水线树节点任务，在并行执行的过程中其中的一个任务完成后，其线程就会在线程池中处于空闲状态，这样其他任务可以通过申请增加其执行任务的线程数量。

基本数据操作是通过缓冲区进行数据交换的，当多个线程以流水线方式处理数据操作时，多线程同时进行缓冲区的存取操作。当有多个同时进行缓冲区的写操作时，线程间就会出现互斥，此时就需要互斥量或互斥锁等方式实现线程

同步,过多的线程同步操作开销很大,影响执行性能。对缓冲区进行分解,构建并行缓冲区是解决过多线程同步的有效方法,并行缓冲区可以减少线程同步,带来性能改善。

基本数据操作间的缓冲区的大小,将其进行一定数量的块分割,每个缓冲块包含元组集合及指针,数据消费操作线程和数据生产线程共享这些缓冲块。对于每个缓冲块,线程无论是写操作还是读操作,在同一时间段只能被一个线程所拥有。缓冲区管理系统负责缓冲块与线程的映射,这样就避免了利用互斥量或互斥锁等方式实现的线程同步操作,提升了系统的运行性能。图 4.11 所示的为基本数据操作间共享的并行缓冲区框架。$Opratertor_i$ 和 $Opratertor_{i-1}$ 是两个相邻的数据操作,其中 $Opratertor_i$ 是数据消费操作,$Opratertor_{i-1}$ 是数据生产操作,数据消费操作被分配了三个线程,数据生产操作被分配了四个线程,这两个基本数据操作间的缓冲区被分割成 n 个缓冲块。

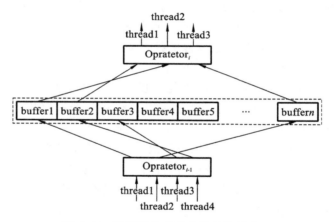

图 4.11　数据操作间共享的并行缓冲区

第四节　多核环境下 Hash 连接并行算法

在现有的连接操作的并行算法中,基于 Hash 的并行连接是最理想且代价较小算法,因此也是最流行的一类。很多研究者认为,并行 HASH-JOIN 算法是一种十分有效的并行连接算法。在多处理器计算机系统中,并行 HASH-JOIN 算法存在数据偏斜问题,数据偏斜问题严重地降低了 HASH-JOIN 连接算法的效率。在算法的性能方面,存在两方面最主要的影响。一方面是子集合的溢出:连接关系被划分以后每个子集合小于各处理集内存容量的总和,这样才能充分发挥 Hash 连接算法的优越性。但是，如果数据在连接属性上分布不均匀，连接关系的子集合的大小可能会超出可用内存大小，称这种现象为子集合溢出。当发生子集合溢出时，需要进一步把子集合划分成更小的数据子集合。子集合的再划分要求额外的 I/O 操作，降低了算法的效率。另一方面是数据分布奇异：Hash 连接算法用一个随机 Hash 函数将连接关系的元组分配到各个处理机。当连接属性值分布不均匀时，各个处理机上的子集合的大小可能相差很大，使各处理机的工作负载不平衡，算法的并行执行时间会明显增加，称这种现象为数据分布奇异。

我们把子集合溢出和数据分布奇异统称为数据偏斜，解决数据偏斜是并行 Hash 连接要解决的主要问题。为了解决数据偏斜问题，人们提出了一些新的 HASH-JOIN 算法。所有这些方法都基于一个思想：首先把连接关系划分成多个子集合(设子集合个数为 N)，每个子集合的大小都不大于可用内存的大小；然后进行子集合调整，把 N 个子集合组合成 $k(\leqslant N)$ 个子集合，使得每个子集合的大小近似于可用内存的大小；最后完成连接操作。子集合调整对于这些试图解决数据偏斜问题的 HASH-JOIN 算法的性能影响极大，如果子集合调整得不好，不仅会浪费内存，而且由于内存不能被充分利用，子集合个数会增多，带来不必要的 I/O 开销。

现有的并行数据的操作算法大多是在并行数据库的基础上展开的研究，其运行环境是多处理器计算机系统，考虑到多核计算机体系结构特殊的硬件特性以及与多处理器计算机系统的不同特性，以多核平台为运行基础，解决连接操作的数据偏斜问题，实现高效的并行连接操作算法具有重要的意义。对于子集合的溢出问题，过去的数据库中磁盘和内存之间的访问延迟是主要矛盾，其通过缓解磁盘和内存之间的访问延迟，减少磁盘和内存之间开销来达到优化目的，随着内存成本的降低以及容量的扩大，大容量的内存容量成为服务器主流配置，目前的多核计算机体系结构中，大多数是利用多级缓冲体系结构来缓解降低数据访问延迟，磁盘和内存之间的矛盾逐渐得到缓解。但随着内存与高速缓冲存储器速度差越来越大，处理器等待高速缓冲存储器从内存存储器读取数据所造成的延迟问题成为数据库处理能力的主要瓶颈，故访问延迟问题的主要矛盾发生了转变，由过去的磁盘和内存层次，转化为内存与二级高速缓冲存储器层次。另外，多核计算机体系结构中存在伪共享问题，这是由处理器高速缓冲存储器的访问机制造成的，CPU 读取高速缓冲存储器时以行为单元读取的，如果两个线程的两块不同内存位于同一高速缓冲存储器行中，当多个线程在对各自的内存进行写操作时，将会造成两个线程对同一高速缓冲存储器 Cache 行进行写操作问题，引起竞争，效率下降。如何能够实现算法线程级并行，减少线程访问缺失，以及消除 Cache 伪共享问题成为当今并行连接算法的重点。

一、常用连接操作并行算法

在数据库操作算法的研究中,人们一直十分注重连接操作的研究,提出了一系列的有效算法。在并行数据库操作算法的研究中,最近几年,并行数据操作算法的研究一直围绕着连接操作进行,主要集中在并行连接算法的设计与分析。人们在并行连接算法方面开展了大量的研究工作,目前已经出现了很多并行连接算法。这些算法可以归结为四类:并行嵌套循环连接算法、并行排序合并连接算法、并行 Hash 连接算法和基于特定存储结构的并行连接算法。前三类并行连接算法不考虑被连接关系的物理存储结构,假定关系作为一个堆文件存储在并行计算机系统中。第四类并行连接算法是充分利用被连接关系的物理存储结构特点的并行连接算法。

设 R 和 S 是连接关系,S 小于 R,下面简单介绍前三类并行连接算法。

(1)基于嵌套循环的并行连接算法:由于嵌套循环连接算法必须存取两个连接关系的笛卡尔积,在顺序计算机环境中,它一直被认为是效率最低的连接算法。然而,并行嵌套循环连接算法很容易并行化。并行嵌套循环连接算法的基本思想是:选择一张表作为连接的驱动表,这张表也称为外部表(outer table),由驱动表进行驱动连接的表或数据源称为内部表(inner table);把两个被连接关系中的小关系作为内部表,将其均匀地分割,把大关系作为外部表,将其元组以流水线方式向分割的各个部分进行广播,各部分并行地完成连接操作。

(2)基于排序的并行连接算法:并行排序连接的最大优点是产生一个有序的结果集合。如果被连接关系已经按照连接属性排序,可以省略算法的排序阶段,只用合并操作就可以产生连接结果。这时,排序合并连接算法的效率相当高。并行排序连接算法由两个阶段组成,即排序阶段和连接阶段。在排序阶段它按照连接属性的值排序每个连接关系;在连接阶段,使用合并算法完成两个排序关系的连接。

(3)基于 Hash 的并行连接算法:Hash 连接算法很容易并行化,若 Hash 函数能把连接关系划分为大小基本相同的子集合,则并行哈希连接算法具有线性时间复杂度。简单的 Hash 连接算法分为两个阶段:第一阶段是数据划分阶段,这一阶段使用哈希函数把连接关系 R 和 S 划分成 N 个可独立连接的子集合,这些划分的子集合可并行处理;第二阶段是连接阶段。

二、基于基值分解的并行哈希连接实现框架

这里提出了一种基于基值多路分解的并行哈希连接实现框架。该框架首先使用可回收利用的三角并行缓冲对采用连接的关系表进行分割,在这个过程中,

通过分析单分割线程到多分割线程的转变时间以及多分割线程数量，对基值多路分解算法的关系的分割划分进行了优化，其次利用多线程实现了分割关系簇的并行连接，在这个过程中，分析了执行连接的线程数，最重要的是解决了线程间的数据分布奇异问题，实现了无数据偏斜的并行连接操作。

Shatdahl 等首先提出了 Grace hash 连接算法，该算法将连接分为两个阶段：第一阶段，使用同样的 Hash 函数将参与连接的关系 R 和 S 分别划分为 H 个可独立连接的子集合簇对；第二阶段，并行连接 R 和 S 的 H 个可独立连接的子集合簇，完成 R 和 S 的连接。子集合簇的个数 H 的选择应该足够大，但每个子集合簇大小不超过内存容量，这样可以保证在连接每对可独立连接子集合簇的时候，Hash 表可以建立在存储器中，从而减少磁盘读/写时间。Shatdahl 等采用直接簇分解算法，这种算法简单地通过扫描一次关系表，就将每个扫描的元组插入子集合簇。图 4.12(a) 说明了这个过程。该算法通过随机存取模式实现关系到 H 个子集合簇的映射，如果 H 超出了一级或二级高速缓冲存储器可利用的 Cache 行数，则会发生 Cache 访问缺失，引起 Cache 置换（Cache trashing）；如果 H 超出 TLB 页表文件，则会发生 TLB 页表文件访问缺失，引起生页表文件置换。这些都会严重地降低连接性能。为了提升直接簇分解算法的性能，Peter Boncz 等提出了基值多路分解算法，这种算法即使对于比较高 H 值，也具有非常好的高速缓冲存储器存取模式。

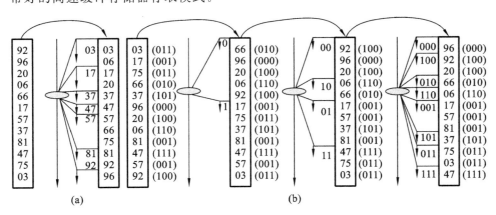

图 4.12 直接簇分解和 3 字节/3 路基值分解

基值多路分解算法通过对参与连接的关系进行多次分割，也称多路分割。基值多路分解算法通过对关系表进行 P 次分割，将表分成 H 个子集合簇 $H = \prod_{1}^{P} H_P$。H 中每个分割后的关系子集合簇一般都小于二级高速缓冲存储器的容量，在 P 次分割中，对于 H 值高 B 位数据，每次依据 B_P 位数据，将一个子集合

簇进一步分割为 $H_P = 2^{B_P}$ 个子集合簇,其中 $\sum_{1}^{P} B_P = B$。在算法分割关系前,整个关系作为一个集合簇,其被分割为 $H_1 = 2^{B_1}$ 个子集合簇。2^{B_1} 个子集合簇中的每个子集合簇被进一步分割为 $H_2 = 2^{B_2}$ 个子集合簇,这时,总的集合簇为 $H_1 \times H_2$。当分割次数 P 为 1 时,该算法将退化为直接簇分解算法。图 4.12(b) 给出了 3 字节/3 路基值分解关系表的例子,这个例子中 $B_1=1, B_2=1, B_3=1, P=3$。

基值多路分解算法具有的特点是:H 值可以通过多路分割进行控制,随着 H 值的增大,随机存取区间范围 H^x 就会越来越小,当 $H^x = 2^{B^x}$ 小于 Cache 行数时,就可以避免 Cache 访问缺失,提高连接性能。但是基值多路分解算法在分割过程中,由于每个子集合簇的大小一般都大于 L2_Cache 的容量,所以在子集合簇连接前期,还是会产生大量的 Cache 访问缺失,影响连接算法的整体性能。在理解基值多路分解算法优缺点的基础上,对其算法的两个执行阶段进行改进:

(1) 基值多路分解算法多路分割阶段的优化。在执行分割关系过程中,利用可回收利用的分割缓冲树提高时间局部性,减少 Cache 访问缺失,可回收利用的分割缓冲树可以通过流水线模式执行,通过合理定义分割缓冲树中节点的大小,实现屏蔽的 Cache 访问冲突的多线程并行分割操作执行,从而进一步提高了分割操作执行性能。

(2) 基值多路分解算法子集合簇连接阶段的优化。在执行两个关系分割的子集合簇连接过程中,使用多线程并行实现子集合簇的连接,利用预取线程来提高 L2_Cache 的命中率,减少 Cache 访问缺失,并且通过合理预取数据量及时机的设置,使连接线程与预取线程之间能够密切配合,避免相互影响以及 L2_Cache 访问冲突。

定义 10 分割缓冲树是由缓冲区构成的一种数据结构。分割缓冲树中的每个内节点作为一个分割单元 (partitioner),每个叶子节点作为一个 Hash 桶,分割单元节点有两个输出单元,输出单元可以是缓冲区 (Buffer),也可以是 Hash 桶,它将分配给它的元组集合进一步分割成两个子集合,并按照定义的 Hash 函数将两个子集合存储到相应的输出单元中。分割缓冲树根节点的输入是关系表,非根节点的输入是其父分割单元的输出。

定义 11 分割单元可以定义为:level 是分割单元在分割缓冲树中的层数,分割缓冲树根节点的层数是 1。export[0,1] 用于表示分割单元的两个输出单元,child[0,1] 是分割单元与两个输出单元的指针,分割缓冲树根节点。层数为 L 的分割缓冲树,包含总的分割单元为 (L^2-L+1),而包含总的输出缓冲区的个数为 $2(L^2-L+2)$。

分割单元可以使用属性值范围或哈希函数对分配给它的元组集进行分割,oid $= H(x, \text{level}) \in \{0,1\}$ 是定义在分割单元上的随机哈希函数,其中 x 是元组的连接属性值。对于一个层为 level 的分割单元,哈希函数的结果作为其输出单元 Output 的值。给定层数为 L 的分割缓冲树 T,定义其中间层为 $\lceil L/2 \rceil$,依据中间层位的分割单元集将分割缓冲树进行切割,会得到一棵顶层子树,以及多棵底层子树,这些子树都不包括中间层位的分割单元。

图 4.13 所示的为一个分割缓冲树,以及这棵分割缓冲树被切割的一棵顶层子树和四棵底层子树。这是一棵高度 L 为 3 层的分割缓冲树,中间层是 2,其中层为 2 的分割单元不是任何子树的节点,并且其输出都作为底层子树的数据源。

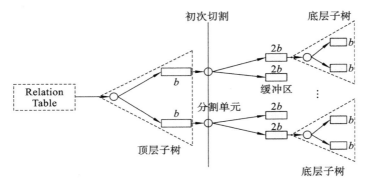

图 4.13 分割缓冲树

定义 12 如果一棵子树包含有 k 个输出缓冲区,则设定这棵子树的数据源缓冲区为 $bk\log_2 k$,其中 b 是一个常量,将在后面介绍如何设定这个常量。$S(\text{Bn})$ 表示分割缓冲树以元组为单位的总的缓冲区容量,其中 Bn 表示分割缓冲树包括的输出缓冲区数量,但不包括分割缓冲树的数据源缓冲区数量。一棵子树数据源缓冲区的容量被设定为包括子树的输出缓冲区容量的大小。

在上面的定义中,将一棵子树包括的输出缓冲区容量的大小,定义为这棵子树数据源缓冲区的容量。如果一棵子树包括的输出缓冲区及作为这棵子树数据源的缓冲区容量小于 Cache 的容量,则这棵子树具有较高的时间局部性。

利用上面的定义,可以确定分割缓冲树中各个输出缓冲区的大小。首先对分割缓冲树进行初次切割,每个底层子树包括大约 $\text{Bn}^{1/2}$ 个输出缓冲区。由上面的定义可得,这些底层子树的数据源缓冲区的大小为 $S(\text{Bn}^{1/2})$。由此可导出 $S(\text{Bn}) = \text{Bn}^{1/2} S(\text{Bn}^{1/2}) + (\text{Bn}^{1/2} + 1) S(\text{Bn}^{1/2})$,进一步求解得 $S(\text{Bn}) = b \times \text{Bn} \log_2 \text{Bn}$。通过这个等式,初次切割后,每棵底层子树的数据源缓冲区的大小等于 $b \times \text{Bn}^{1/2} \log_2 \text{Bn}^{1/2}$。初次切割构成的顶层子树和底层子树递归执行这个过程,计算每个输出缓冲区容量,注意当一棵分割缓冲树层数为 1 时,将它的输出缓冲区的大小都设定为 b。在图 4.13 中,初次切割的中间层是 2,得到一棵顶层子树和四棵底层子树,每个底层子树包含两个输出缓冲区,所以底层子树的数据源缓冲区的大小等于 $b \times 2\log_2 2 = 2b$。对构成的子树进一步递归切割,发现各个子树的层数皆为 1,设定各子树的缓冲区的大小为 b。

分割缓冲树经过初次切割后,形成的顶层子树与底层子树非常相似,即可以利用顶层子树的结构分割底层子树的数据源缓冲区。基于这个顶层子树与底层子树相似的数据结构,可以考虑对原分割缓冲树进行优化,使用一种可重复利用的分割缓冲树来降低原分割缓冲树的层数,减少总的输出缓冲区的大小。首先,构建一棵分割缓冲树,这棵分割缓冲树层数为原分割缓冲树的一半。这棵分割缓冲树的数据结构与原分割缓冲树经过初次切割后形成的子树的数据结构相似。其次,利用上面的定义递归计算这棵分割缓冲树中各个输出缓冲区的容量。由于这棵树的层数只有原分割缓冲树的一半,故这棵分割缓冲树中包括的输出缓冲区的大小是 $S(Bn^{1/2}) = b \times Bn^{1/2}\log_2 Bn^{1/2}$。最后,使用新构建的分割缓冲树将关系表分割成多个关系子集,再次重复使用这棵树对初次分割形成的关系子集进行分割。图 4.14 所示的为可重复使用的分割缓冲树的例子。

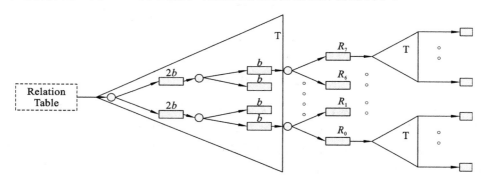

图 4.14 基值多路分解的并行哈希连接实现框架

如果可重复使用的分割缓冲树的层数为 L,则不可重复使用的分割缓冲树的层数为 $2L+1$。对于容量为 C 的 L2_Cache 和大小为 $|R|$ 的关系 R,在不考虑使用多线程对两个关系的 Hash 桶进行连接的情况下,为了避免 L2_Cache 的访问冲突,将 b 的值设为 C,可以利用下面的等式求解 L:

$$2L+1 = \log_2|R| - \log_2|C|$$
$$L = \lceil 1/2(\log_2|R| - \log_2 C - 1) \rceil$$

在考虑到使用多线程对两个关系的 Hash 桶进行连接的情况下,避免 L2_Cache 的访问冲突,则 N 个线程处理的两个关系的 Hash 桶必须小于或等于 C,此时可将 b 的值设为 $C/(2N)$,在考虑预取线程的情况下,为了给每个预取线程提取的桶连接对预留空间,每个连接线程必须最少同时处理两个 Hash 桶连接对,此时可进一步将 b 的值设为 $C/(4N)$,可以利用下面的等式求解 L:

$$2L+1 = \log_2|R| - \log_2|C/(4N)|$$

$$L = \lceil 1/2[\log_2|R| - \log_2(C/(4N)) - 1] \rceil$$

利用可重复使用的分割缓冲树,图 4.15 给出了基于基值多路分解的并行哈希连接实现框架。该算法整体上与基值多路分解算法实现过程相同,都是通过两个阶段完成的,但两阶段具体的实现方式却迥然不同。

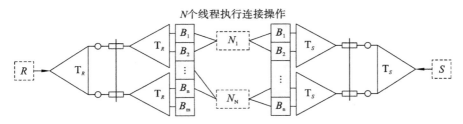

图 4.15 基于可回收基值多路分解的并行哈希连接实现框架

(1) 关系分解阶段。

分割缓冲树通过定义多个输出缓冲区,使用流水线模式实现关系分解的过程,提高了分解过程中的 L2_Cache 访问的时间局部性,优化了 Cache 的访问效率。可重复使用的分割缓冲树进一步优化了原分割缓冲树实现方式,进一步减少了输出缓冲区的使用空间,提高了缓冲区的利用率,并提高了 Cache 的访问命中率。

关系分解阶段可以通过两种方式实现多线程并行关系分解。

一种方式是将所有线程分配给可重复使用的分割缓冲树,利用分割缓冲树流水线模式的执行特点,依据分割缓冲树各层缓冲区的大小,将这些线程分配给各层,或者为分割缓冲树分配一个线程池,通过管理线程实现动态分配。另外一种并行分解方式是首先在初次利用可重复使用的分割缓冲树分解关系时,将所有线程分配给可重复使用的分割缓冲树,按照第一种方式执行流水线并行执行分解,在初次分解后,会形成多个关系子集,关系子集的数据可以通过可重复使用的分割缓冲树的层数来计算,即 2^{L-1}。

依据数据分割的原理,将 $L+1$ 个关系子集分配给所有线程。为了提高 Cache 的访问命中率,对关系 R 分解过程中,考虑用下面的公式决定并行执行的线程数,即 $i = C/[\|R\|/(2^{L-1})]$。其中 i 为需要的线程数,$[\|R\|/(2^{L-1})]$ 是为了求解初次分解后获取的关系子集平均大小,其被 L2_Cache 的容量除后获得的线程数,能够保证 i 个线程同时执行处理的数据量小于 L2_Cache 的容量,因此提高了 L2_Cache 的访问命中率。

(2) 关系连接阶段。

在执行两个关系分割的子集合簇连接时,首先根据参与连接的两个关系的分解 Hash 桶的 hash 值,构建 Hash 桶连接对。其次将这些连接对分配给 N 个线程。分配过程需要考虑到各个连接对的工作量,实现线程的工作量平衡,即负载均衡。最后，N 个线程并行实现 Hash 桶连接对的连接操作。由于在关系分解阶段考虑到了使用多线程对两个关系的 Hash 桶进行连接的情况，使 N 个线程处理的两个关系的 Hash 桶最大值小于 C，避免了 N 个线程并行执行时发生 L2_Cache 的访问冲突。另外，在连接操作过程中，利用预取线程来进一步提高 L2_Cache 的命中率，减少 Cache 访问缺失，并通过合理预取数据量及时机的设置，使连接线程与预取线程之间能够密切配合，避免相互影响以及 L2_Cache 访问冲突。

三、基于基值分解的并行哈希连接实现算法

在关系表到关系 Hash 桶簇分解过程，包括三个阶段：

(1) 构建高度为 L 的可重复使用的分割缓冲树 T。

(2) 利用可重复使用的分割缓冲树 T 对关系 R 进行初次分解，当 T 的叶子节点的数据执行分割操作时，将其中的数据存储到关系子集 P_{RID}（RID=0,…2^{L-1}）缓冲区中。

(3) 再次使用 T 对关系子集 P_{RID} 进一步分割，当 T 的叶子节点执行数据分割操作时，直接将其中包含的数据存储到相应的 Hash 桶中，完成关系表到关系 Hash 桶簇的分解过程。

在关系分解和连接过程中，存在两种线程：一种是管理协调线程，管理线程负责线程间的通信；另外一种是执行线程，执行线程负责关系分解和连接操作。在关系表到关系 Hash 桶簇分解的过程中，有两种方式可以完成并行关系分解。一种方式是将所有线程分配给可重复使用的分割缓冲树，利用分割缓冲树流水线模式的执行特点，依据分割缓冲树各层缓冲区的大小，将这些线程分配给各层，完成这种并行操作；另一种方式是为分割缓冲树分配一个线程池，通过管理线程实现动态分配。这里采用第二种方式实现并行，其中涉及的操作如下：

1. Insert(partitioner,tuple) 操作

在 partitioner.(level-1) 的数据进行分解的过程中，管理协调线程首先要为 partitioner.level 层分配一个线程，该线程接收 partitioner.(level-1) 的数据，通过计算 partitioner.export[H(tuple.key,partitioner.level)]，将接收的数据存储到指定的输出缓冲区。当该输出缓冲区有存储数据的空间时，线程向管理协调线程反馈成功信息，使用锁机制完成输出缓冲区的数据并行输入；否则线程向管理协调线程反馈失败信息，管理线程挂起该线程，管理线程唤醒 partitioner.child[H(tuple.key,partitioner.level)]层的线程，通过执行 clear (partitioner,H(tuple.key,partitioner.level))操作，清空 partitioner.level 层输出缓冲区的数据。反馈信息包括分割单元的层，以及操作类型。对于 partitioner.level 层中不同的输出缓冲区单元，Insert 操作可以 unlock 方式实现线程级并行，对于同一数据缓冲区单元，Insert 操作能够实现 lock 方式的并行。

2. Clear(partitioner, bufID)操作

Clear 操作将清空输出缓冲区中的数据,并通过计算,将这些数据存储到下一层的输出缓冲区中。如果 partitioner.level 层数低于分割缓冲树的高度 L,执行线程会将 partitioner.export[bufID]中的每个元组数据通过操作 Insert(partitioner.child[bufID],t)存储到下一层。

如果需要清空的数据位于初次分割缓冲树的叶子节点上,RID 是 partitioner.export[bufID]的全局变量,则对于 partitioner.export[bufID]中的每个元组数据 t,执行线程首先通过计算 $H(t.key, RID)$ 获取需要插入的关系子集,然后执行线程通过 Insert 操作实现数据分割。如果需要清空的数据位于重复使用的分割缓冲树的叶子节点上,则执行线程将 partitioner.export[bufID]中的数据直接插入 Hash 桶中,不需要进行分割操作。

对于不同的 partitioner.export[bufID]缓冲区,Clear 操作能够实现多个线程的并行执行,而相同的 partitioner.export[bufID]缓冲区,实现并发多线程执行。

3. Eliminate(partitioner)操作

当关系表或关系子集的数据都通过 Insert 操作插入分割缓冲树后,Eliminate 操作通过深度优先方式执行 clear(partitioner, bufid),清空分割缓冲树包含的元组数据。

图 4.16 所示的为关系表通过分割缓冲树的分解过程,这个分解过程没有给出管理协调线程与执行线程之间的通信。

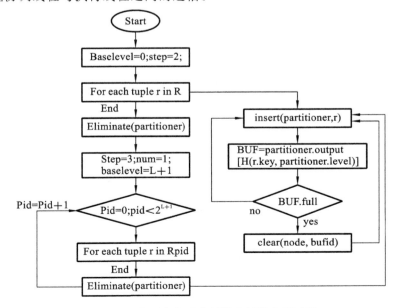

图 4.16 关系表通过分割缓冲树的分解过程

在执行两个关系分割的子集合簇连接时,首先根据参与连接的两个关系的分解 Hash 桶的 hash 值,构建 Hash 桶连接对。一般情况下,每个关系分解构建的 Hash 桶的数量都多于处理器的系统核数,为了实现多线程并行连接操作,必须先将这些 Hash 桶连接对分配给 N 个线程。为了能够更加清晰地阐述连接过程,给出如下一些定义。

定义 13 Hash 桶属性 HBA,用于表示关系分割后构建的 Hash 桶属性,HBA=(hashvalue,size),其中 hashvalue 表示这个 Hash 桶分割依据的 hash 值,即多路分割的路径,size 表示 Hash 桶的字节大小。

定义 14 参与连接的内表 R 经过分解后得到 Hash 桶集合 HBSetR,HBsetR=$\{RHB_1, RHB_2, \cdots, RHB_m\}$,外表 S 经过分解后得到 Hash 桶集合 HBSetS,HBsetS=$\{SHB_1, SHB_2, \cdots, SHB_m\}$。

定义 15 Hash 桶连接对集合 HBPairSet,用于表示两个关系分割后,具有相同 hashvalue 的 Hash 桶连接对构成的集合,HBPairSet=$\{(R_1, S_1), (R_2, S_2), \cdots, (R_n, S_n)\}$,对于 $1 \leqslant i \leqslant n$,存在 $RHB_{R_i}.hashvalue = SHB_{S_i}.hashvalue$。

图 4.17 所示的为 Hash 桶连接对集合的构建过程。ConstructHBPairSet 算法遍历参与连接的关系分割后构建的 Hash 桶集合,将具有相同 hashvalue 的 Hash 桶连接对存入 HBPairSet 中。

```
ConstructHBPairSet算法
输入:关系S的子集合簇HBsetS,关系R的子集合簇HBsetR
输出:Hash桶连接对集合HBPairSet
1. i= 0; j = 0; k = 0;
2. S=HBsetS, R=HBsetR;
3. while( i< HBsetS.length and j < HBsetR.length) do
4.    while( S[i].radixvalue!=R[j].radixvalue)
5.       j++;
6.    end while
7.    add (i,j) to HBPairSet[ k++];
8. i++;
9. end while
```

图 4.17 Hash 桶连接对集合的构建算法

一般情况下,在执行两个关系分割的子集合簇连接时,集合 HBPairSet 包括的 Hash 桶连接对的个数都远远大于总线程数 N 的 2 倍。当一个线程处理完当前 Hash 桶连接对任务,需要新的 Hash 桶连接对时,会发生缓存缺失。如果每个连接线程绑定一个预取线程,当连接线程开始启动时,首先使用预取线程将连接线程所需要的 Hash 桶连接对数据送入 L2_Cache,完成任务后,预取线程进入休眠状态,当连接线程完成一对 Hash 桶连接对的连接操作后,唤醒预取线程预取一对连接线程将要执行的 Hash 桶连接对,提高连接线程执行的 Cache 命中率,同时连接线程并行执行 L2_Cache 中 Hash 桶连接对的连接操作。L2_Cache 的 Hit Latency 和 Miss Latency 在现有的大部分的计算机体系结构中,分别为 21 个处理器周期和 120 个处理器周期,预取线程预取一个 Hash 桶连接对,取平均值大约需要 240 个处理器周期,而连接线程在不考虑缓存缺失的情况下,耗时大约为 900 个处理器周期。可见预取线程相对于连接线程操作的处理时间较小,对连接线程的执行影响有限,因此可以将连接线程与预取线程绑定,构成执行线程组,并将执行线程组分配给固定执行核上运行,以提高核计算的时间局部性。

图 4.18 所示的为 Hash 桶连接对的连接操作算法。HPJT 算法包括了预取线程的操作算法。该算法的连接线程首先通过预取线程(line 4),提取两对 Hash 桶连接对,在 line 8 执行 Hash 桶连接对的连接操作,在完成一对连接对的连接任务后,唤醒预取线程(line 11),通过唤醒的预取线程再取入下一对连接对(line 12),这样做的目的是保证 N 个预取的数据量和 L2_Cache 未处理的 Hash 桶连接对的总数据量和小于 C,提高共享 L2_Cache 的访问命中率,而且也可以避免 L2_Cache 中未处理的 Hash 桶连接对被替换出去,导致 Cache 的访问冲突。

HPJT 算法
输入: ConstructHBPairSet, Start, HBsetR,HBsetS;
输出: R,S 连接结果
1. i=Start; k=0;
2. CHBPS= ConstructHBPairSet;
3. PreStartPos=Start; PreEndPos = Start+1;
4. Start Prefetch Thread to prefech;
5. NxtPos=2;
6. S=HBsetS; R= HBsetR;
7. for k= Start to End
8.   Hash Join S[CHBPS[k].s] and R[CHBPS[k].r];
9.   add result to TupleIDSet;
10.   PreStartPos=NxtPos;
      PreEndPos=NxtPos;
11. Wake up Prefetch Thread to prefech;
12. NxtPos+=1;
13. end For

PrefetchHBThread 算法
输入: ConstructHBPairSet,Start,End,HBsetR,HBsetS;
1. i=Start; j=0;
2. CHBPS= ConstructHBPairSet;
3. S=HBsetS; R= HBsetR;
4. for j = StartPrePos to EndPrePos && j<=End
5.   prefetch S[CHBPS[j].s], R[CHBPS[j].r] to L2_Cache;
6. end For
7. Wake Up Join Thread in Thread Group;

图 4.18 Hash 桶连接对的连接操作算法

四、负载均衡优化

在执行两个关系分割的子集合簇连接时,Hash 桶连接对在线程中是随机分配的,因此会出现线程间数据分布奇异问题,从而导致线程处理的工作量不同,这就是线程工作量负载不平衡问题。图 4.19 给出了 Hash 桶在线程间分配的例子,这个例子中数据在线程间是均匀分配的。

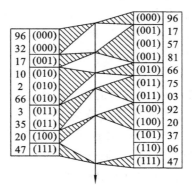

图 4.19　Hash 桶匹配以及在线程间的分配

然而在数据偏斜比较严重的情况下,会导致连接线程处理的数据量分配不均,进一步导致多核环境下,各执行核的计算任务分配不均衡,会影响 Hash 桶连接操作的性能。下面将通过两种方法完成 Hash 桶在线程间的均匀分配,实现线程的负载均衡。

方法 1 是元组交错 Hash 连接算法,简称 TSHJ,包括三个阶段:Hash 桶连接对在线程间的分配阶段、Hash 桶连接对划分阶段、Hash 桶连接对调整阶段。

(1) 如果共有 m 个 Hash 桶连接对,i 个执行线程,Hash 桶连接对在线程间的分配阶段主要实现将第 j 个 Hash 桶连接对分配给第 $(j-1) \bmod i + 1$ 个线程。

(2) 对于 Hash 桶连接对 (H_{R_i}, H_{S_i}),如果内表 H_{R_i} 大于 C,则 H_{R_i} 被划分为 H_{R_i}/B 个部分,每个部分与 H_{S_i} 构成新的 Hash 桶连接对。用新构建的 Hash 桶连接对替代 (H_{R_i}, H_{S_i})。

(3) TSHJ 算法中 Hash 桶连接对调整阶段,使用最小递减拟合的方法确定将 Hash 桶连接对重新分配到各个线程,这里将分得最小 Hash 桶连接对的线程称为最小线程。该阶段实现方法如下:

① 按照 Hash 桶连接对大小的递减顺序把所有 Hash 桶连接对排序,建立一个按 Hash 桶连接对大小递减顺序排列的表 List。

② While List is not empty DO

③ 把 List 中最大的 Hash 桶连接对分配给最小线程。

④ 从 List 中去掉被分配的 Hash 桶连接对。

⑤ End while

TSHJ 算法的主要优点是算法的所有阶段各个线程的负载是均衡的，而不论数据偏斜的程度多大，都要对 Hash 桶连接对进行调整。当数据偏斜程度不大时，TSHJ 算法会导致不必要的通信和计算开销。

方法 2 是适应工作量调节哈希连接算法，简称 ALBHJ 算法。该算法克服了 TSHJ 算法的缺点，将依据数据偏斜程度对 Hash 桶连接对进行调整。ALBHJ 算法由四个阶段构成，前两个阶段与 TSHJ 算法相同，各阶段定义如下：

(1) Hash 桶连接对在线程间的分配阶段。如果共有 m 个 Hash 桶连接对，i 个执行线程，Hash 桶连接对在线程间的分配阶段主要实现将第 j 个 Hash 桶连接对分配给第 $(j-1) \bmod i + 1$ 个线程。

(2) Hash 桶连接对分割阶段。对于 Hash 桶连接对 (H_{R_i}, H_{S_i})，如果内表 H_{R_i} 大于 C，则 H_{R_i} 被划分为 H_{R_i}/C 个部分，每个部分与 H_{S_i} 构成新的 Hash 桶连接对。用新构建的 Hash 桶连接对替代 (H_{R_i}, H_{S_i})。

(3) Hash 桶连接对集合划分阶段。该阶段包括以下两步。

①确定过载 Hash 桶连接对：每个线程仅保留满足如下条件的 n 个 Hash 桶连接对集合 $JP_1, \cdots, JP_n$，即

$$\sum_{j=1}^{n} |JP_j| \leqslant (|R|+|S|)/N, \sum_{j=1}^{n+1} |JP_j| \geqslant (|R|+|S|)/N$$

$|R|$ 和 $|S|$ 分别是关系 R 和 S 的大小，$|JP_j|$ 是 Hash 桶连接对的大小，N 是执行连接操作的线程数。每个线程中的其他 Hash 桶连接对称为过载连接对。

②重新分配过载连接对：每个连接线程向预定的管理协调线程报告它被分配的 Hash 桶连接对集合大小以及它的各过载 Hash 桶连接对的大小。假设 ρ 是满足如下条件的线程集合：分配给线程的 Hash 桶连接对集合大小总和小于 $(|S|+|R|)/N$。管理协调线程根据每个执行线程的报告信息，使用前面介绍的最小递减拟合的方法，确定过载连接对集合在线程集合 ρ 上的分布策略，管理协调线程向所有执行线程广播分布策略，各个执行线程按照分布策略，将过载连接对发送到目的线程。

(4) Hash 桶连接对合并调整阶段：由于过小的 Hash 桶连接对，会使 Hash 桶连接对的个数增多，造成不必要的内存与 Cache 之间的数据交换。Hash 桶连接对调整阶段通过定义平均度量因子来解决这个问题。平均度量因子定义为

$$F = C - \sum_{i=1}^{m} |JP_i| / \lceil (\sum_{i=1}^{m} |JP_i|)/C \rceil$$

其中，m 是一个线程的 Hash 桶连接对数量，JP_i 是 Hash 桶连接对，C 为 L2_Cache 的容量。$\sum_{i=1}^{m} |JP_i|$ 是线程 i 的 Hash 桶连接对的大小，$\lceil (\sum_{i=1}^{m} |JP_i|)/C \rceil$ 是线程 i 合并 Hash 桶连接对个数的理想值，$\sum_{i=1}^{m} |JP_i| / \lceil (\sum_{i=1}^{m} |JP_i|)/C \rceil$ 是线

程 i 合并 Hash 桶连接对后大小的理想值。依据平均度量因子 F，在线程的 Hash 桶连接对调整阶段，如果 L2_Cache 的容量和每个合并后的连接对大小的差不超过 F，则连接对合并调整是可接受的理想解。

图 4.20 所示的为适应工作量调节哈希连接算法的实现过程。第一步执行 Hash 桶连接对在线程间的分配操作(line 1)，对于每个线程 T_i($N\geqslant i\geqslant 1$)，line 4 通过使用 $List_i$ 存储分配给线程 i 的 Hash 桶连接对集合。第二步执行 Hash 桶连接对分割操作，如果内表 H_{Rj} 大于 C(line 10)，则 H_{Ri} 被划分为 H_{Ri}/C 个部分(line 11)，每个部分与 H_{Si} 构成新的 Hash 桶连接对(line 12)。用新构建的 Hash 桶连接对替代(H_{Ri},H_{Si})(line 13)。过载 Hash 桶连接对的判断以及分配通过第三步并行执行完成(line 18~line 23)。Hash 桶连接对合并调整通过第四步的 PADJUST 算法实现(line 25)。

```
ALBHJ算法
输入:R, S分割后分别形成的子集合簇集合 (H_R1, H_R2,···, H_Rm )和
     (H_S1, H_S2,···, H_Sm)
输出:关系 R和S连接的结果
//Step 1 The allocation of join pairs among threads
1   for i=1 to m
2      Allocating (H_Ri , H_Si) to the thread of i mod N;
3   end for
4   for i=1 to N //the N threads are executing in parallel.
5      Use set of JP to hold join pairs.
6      The thread i uses LIST[i] to connect JP descending;
7   end for
//Step 2 the divisive phase of the join pairs
8   for i=1 to N //the N threads are executing in parallel.
9      for j=1 to LIST[i].length
10        if H_Rj>C
11           H_Ri is divided into H_Ri/C;
12           Every partitioned set assembles with H_Si to get new pairs;
13           new pairs is used to replace the node (H_Ri , H_Si) of LIST[i];
14           reordering LIST[i] descending;
15        end if
16     end for
17  end for
//Step 3 the adjustment of allocation.
18  for i=1 to N //the N threads are executing in parallel.
19     Determining the number n retained by following.
20     For j=n+1 to  LIST[i].length
21        The automatic matching of least value decline is used to
          distribute the laden join pair JP_j
22     end for
23  end for
//Step 4 incorporating the join pairs.
24  for i=1 to N //the N threads are executing in parallel.
25     SET=PADJUST( JP, LIST);
```

图 4.20　适应工作量调节哈希连接算法

图 4.21 所示的为 PADJUST 算法的实现流程。对于线程需要处理的 Hash 桶连接对集合 List，首先从 List 的第一个表项开始，搜索是否存在满足下面条件

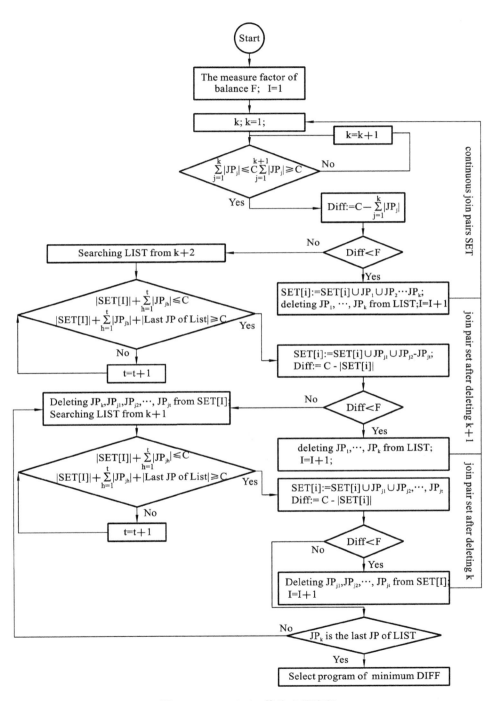

图 4.21 PADJUST 算法实现流程

的邻接 Hash 桶连接对集合,$JP_1, JP_2, \cdots, JP_k$:

$$\sum_{j=1}^{k} |JP_j| \leqslant C, \sum_{j=1}^{k+1} |JP_j| \geqslant C$$

如果存在满足条件的 Hash 桶连接对集合,则在 List 中删除满足条件的桶连接对集合,重复这个过程。如果不存在满足条件的连接对集合,则从 List 表中的 $k+2$ 位置开始向后搜索,寻找满足下列条件的更小的 Hash 桶连接对集合:

$$|SET[I]| + \sum_{h=1}^{t} |JP_{jh}| \leqslant C|$$

$$|SET[I]| + \sum_{h=1}^{t} |JP_{jh}| + |\text{Last JP of List}| > C$$

如果存在满足条件的 Hash 桶连接对集合,则构建满足条件的 Hash 桶连接对集合,在 List 中删除满足条件的桶连接对集合;否则在构建的集合中删除第 k 个 Hash 桶连接对,从 List 表的 $k+1$ 开始重复遍历,查找满足条件的桶连接对集合。

第五节 多线程并行算法性能分析

表 4.1 给出了几种连接算法,本小节将对连接算法性能进行分析,其中 COMBHJ 是本章提出的 HASH-JOIN 改进算法,该算法结合 L2_Cache 优化和线程工作量均衡两个方面对 radix-join 算法进行了改进,MCRJ 算法是多线程并行 radix-join 连接算法,RJ 是 radix-join 连接算法,SHJ 是简单的 Hash 连接算法。实验设备是 DELL 2950 服务器。参与连接的关系表($L.\text{tuple}, R.\text{tuple}$)的大小分别为 $A(1.2e+6, 1.6e+6)$、$B(1.9e+6, 3.0e+6)$、$C(4.1e+6, 5.8e+6)$、$D(1.211e+6, 1.62e+6)$、$E(1.8e+6, 3.1e+6)$、$F(4.3e+6, 5.82e+6)$。其中,表 A、B 和 C 在连接属性上是均匀分布的,D、E 和 F 在连接属性上是非均匀分布的,仅考虑等值连接。

表 4.1 实验算法

Join Algorithms	Description
cache optimized multithreaded and balanced HASH-JOIN	COMBHJ
multithreaded clustering radix-join	MCRJ
radix-join	RJ
simple hash join	SHJ

为了测试 COMBHJ 算法相对于多线程并行 radix-join 连接算法 MCRJ 的优化程度,图 4.22(a)对这两种算法进行了比较。

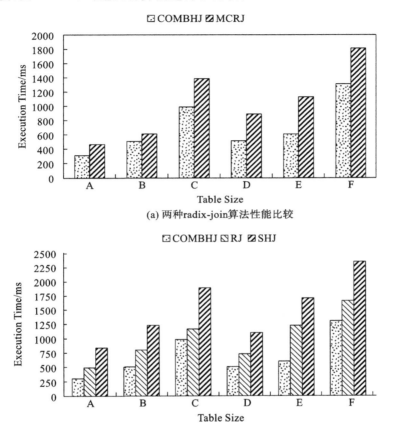

图 4.22　COMBHJ 算法性能分析

在连接表连接属性值均匀分布的情况下,COMBHJ 通过分割缓冲树对两个连接关系表进行分解,提高了关系表分解过程中的时间局部性,减少了 L2_Cache 访问冲突、提高了访问命中率,由于连接属性值均匀分布避免了适应性工作量调节算法的应用,因此 A、B 和 C 运行时间应该快过与其大小差不多的 D、E 和 F。图 4.22(a)所示的运行结果证实了这一点。

MCRJ 算法通过多线程以及关系表分解两种方式提高了 RJ 算法的 L2_Cache 访问命中率,但由于其分解过程的性能很差,且该算法没有对连接算法偏斜问题进行优化,其整体运行性能应该不会高于 COMBHJ 算法,图 4.22(a)所示的运行结果证明了这点。图 4.22(a)的运行结果同时也证明了对于大小相似，但数据偏斜属性不同的连接关系，如 A 和 D，由于 COMBHJ 采用 ALBHJ 算法缓解连接属性值不均匀分布对性能的影响，所以通过算法 COMBHJ 运行获取的 A 和 D 的运行时间差要小于通过算法 MCRJ 算法获取的时间差。可见 COMBHJ 算法的分割缓冲树方法和 ALBHJ 算法是有效的。

图 4.22(b)对 COMBHJ 算法与 RJ、SHJ 算法进行了比较。RJ 和 SHJ 算法不是并行算法，在性能能上要低于 MCRJ 和 COMBHJ 算法，图 4.22(b)所示的运行结果证明了这点。而经过多路基值分解的 RJ 算法提高了 L2_Cache 访问命中率，其运行性能要高于简单 Hash 连接算法 SHJ。图 4.22(b)所示的运行结果也证明了这点。

第六节 本章小结

由于多个线程共享 CMP 的各种资源，如二级缓存，所以 CMP 系统本质上不同于多处理器和并发多线程(SMT)系统。针对如何实现查询计划的多线程执行，获得最大的资源利用率，本章依据查询计划的执行粒度，提出了两个层次的新型优化方法，即最优查询计划的执行策略和操作算法的执行策略。

首先考虑如何在多核架构下使用多线程并行技术处理及优化数据库查询。在构建流水线执行树基础上，分析数据流的并行执行策略，并将非完备流水线树执行策略中每个基本数据操作节点进行线程分配，在分配过程中，应综合分析考虑数据操作的工作量，工作量小的数据操作应该由较少的线程并行执行，工作量较大的数据操作应该由较多的线程并行执行，实现了线程工作量以及流水线缓冲区的优化分配，最后通过并行缓冲区实现了算法的进一步优化。

本章在构建执行策略基础上，重点考虑分析了操作算法的并行执行优化策略，提出了基于基值多路分解的并行算法，该算法首先对基值多路分解算法的关系的分割划分进行了优化，利用可回收利用的分割缓冲树提高时间局部性，减少 Cache 访问缺失，可回收利用的分割缓冲树通过流水线模式执行，通过合理地定义分割缓冲树中节点大小，实现了屏蔽 Cache 访问冲突的多线程并行分割操作执行。其次，该算法利用多线程实现了分割关系簇的并行连接，在执行两个关系分割的子集合簇连接过程中，使用多线程并行实现子集合簇的连接，并利用预取线程来提高 L2_Cache 的命中率，减少 Cache 访问缺失，并且通过合理预取数据量及时机的设置，使连接线程与预取线程之间能够密切配合，避免相互影响以及 L2_Cache 访问冲突。

参考文献

[1] 陈国良. 并行算法的设计与分析[M]. 3 版. 北京:高等教育出版社, 2009.

[2] 罗伯特·罗比. 并行计算与高性能计算[M]. 北京:清华大学出版社, 2022.

[3] 张云泉,袁良. 并行计算模型与算法[M]. 北京:机械工业出版社, 2018.

[4] 周伟明. 多核计算与程序设计[M]. 1 版. 武汉:华中科技大学出版社, 2009.

[5] 多核教材编写组. 多核程序设计技术——通过软件多线程提升性能[M]. 北京:清华大学出版社, 2007.

[6] Moerkotte G, Neumann T. Analysis of Two Existing and One New Dynamic Programming Algorithm for the Generation of Optimal Bushy Join Trees without Cross products[C]. In VLDB, 2006.

[7] Moerkotte G, Neumann T. Dynamic Programming Strikes Back[C]. In SIGMOD, 2008.

[8] Ganguly S, Hasan W, Krishnamurthy R. Query Optimization for Parallel Execution[C]. In Proceedings of ACM SIGMOD International Conference on Management of Data, 1996.

[9] John C, Kenneth A R, Ioannis G. Parallel Buffers for Chip multiprocessors[C]. In DaMoN, 2007

[10] Garcia P, Korth H F. Pipelined Hash-Join on multithreaded architectures[C]. In DaMoN, 2007.

[11] Ralph A, Christian R, Rudolf B. Parallel Query Processing in Databases on Multicore Architectures[C]. In ICA3PP, 2008, 2-13

[12] Chen S, Gibbons P B, Mowry T C. Improving Index Performance through Prefetching [C]. In ACM SIGMOD International Conference on the Management of Data, 2001.

[13] Shatdal A C, Kant J, Naughton F. Cache Conscious Algorithms for Relational Query Processing[C]. In Proc. of the 20th International Conference on Very Large Data Bases, 1994, 510 – 521.

[14] Boncz P, Manegold S, Kersten M L. Database architecture optimized for the new bottleneck: Memory Access[C]. In Proceeding of the 25th VLDB conference, 1999.

[15] Chen S, Ailamaki A, Gibbons P B. Improving Hash Join Performance Through Prefetching[C]. In ICDE, 2004, 116-127.

[16] Garcia P, Korth H F. Hash Join Algorithms on Modern Multithreaded Computer

Architectures[T]. Lehigh University Technical Report, 2006.

[17] Bitton D. Parallel Algorithms for the Execution of Relational Database Operations[J]. ACM Trans. Database Systems, 1983, 8(3):324-353.

[18] Valduriez P, Gardarin G. Join and semijoin Algorithms for a Multiprocessor Database Machine[J]. ACM Transactions on Database Systems, 1984, 9(1).

[19] Dewit D, Naughton J, Burger J. Nested Loops Revisited[C]. In Proceedings of Second Conference on Parallel and Distributed Information Systems, 1993.

[20] Zhou J, Cieslewicz J, Ross K A, et al. Improving Database Performance on Simultaneous Multithreaded Processors[C]. In VLDB, 2005, 49-60.

[21] Cieslewicz J, Berry J, Hendrickson B, et al. Realizing Parallelism in Database Operations: Insights from a Massively Multithreaded Architecture [C]. In DaMoN, 2006.

[22] Andrea C, Diego C, Davide M. Optimization of Query Plans in the presence of Access Limitations[C]. In EROW, 2007, 28(2).

[23] Hennes J L, Patterson D A. Computer Architecture[M]. 4th ed. 2007.

[24] Han W S, Kwak W, Lee J, et al. Parallelizing query optimization[C]. In VLDB, 2008, 188-200.

[25] Graefe G, DeWitt D J. The EXODUS Optimizer Generator[C]. In Proc. SIGMOD, 1987, 160-172.

[26] Graefe G. The Cascades Framework for Query Optimization [C]. IEEE Data Engineering Bulletin, 1995, 18(3):19-29.

[27] Morishita S. Avoiding Cartesian Products for Multiple Joins[J]. Journal ACM, 1997, 44(1):57-85.

[28] Gautam B, Piyush G, Bala I. Hypergaph Based Reordering of Outer Join Queries with Complex Predicates [C]. In Proceedings of the ACM SIGMOD Conference, 1995, 304-315.

[29] Graefe G, DeWitt D J. The EXODUS Optimizer Generator[C]. In Proc. SIGMOD, 1987, 160-172.

[30] Graefe G, McKenna W J. The Volcano Optimizer Generator: Extensibility and Efficient Search[C]. In Proceedings Ninth International Conference on Data Engineering, 1993, 209-218

[31] Graefe G. The Cascades Framework for Query Optimization[J]. Bulletin of the IEEE Technical Committee on Data Engineering, 1995, 18(3):19-29.

[32] Steinbrunn M, Moerkotte G, Kemper A. Heuristic and Ran2 domized Optimization for the Join Ordering Problem[J]. The VLDB Journal, 1997, 6(3):8-17.

[33] James J M. BacktrackSearch Algorithms and Maximal Common Subgraph problem[C]. Software Pract. Exper., 1982, 12(1):23-34.

[34] Wang Y, Carsten M. A Novel Efficient Algorithm for Determining Maximum Common

Subgraphs[C]. In International Conference on Information Visualisation, 2005, 657-663.

[35] John W R, Peter W. Maximum Common Subgraph Isomorphism Algorithms for the Matching of Chemical Structures[J]. Journal of Computer-Aided Molecular Design, 2002, 16(7): 521-533.

[36] Akutsu T. A Polynomial Time Algorithm for Finding a Largest Common Subgraph of Almost Trees of Bounded Degree [J]. IEICE transactions on fundamentals of electronics, communications and computer sciences, 1993, 76(9): 1488-1493.

[37] Bertrand Cuissart, Jean-Jacques H'ebrard. A Direct Algorithm to Find a Largest Common Connected Induced Subgraph of Two Graphs[C]. In GbRPR, 2005, 162-171.

[38] Viswanath P, Narasimha M M, Shalabh B. Fusion of Multiple Approximate Nearest Neighbor Classifiers for Fast and Efficient Classification[J]. Information Fusion, 2004, 5(4): 239-250.

[39] Matthias R, Scott J D. Feature Trees: A New Molecular Similarity Measure Based on Tree Matching[J]. Journal of Computer-Aided Molecular Design, 1998, 12(5): 471-490.

[40] Zhu Q, Tao Y Y, Calisto Z. Optimizing Complex Queries Based on Similarities of Subqueries[J]. Knowledge Infoural System, 2005, 8(3): 350-373.

[41] Michael S, Guido M, Alfons K. Heuristic and Randomized Optimization for the Join Ordering Problem[J]. The VLDB Journal, 1997, 6(3): 191-208.

[42] Lu H, Tan K L. Processing Multi-Join Query in Parallel Systems[J]. Symp Applied Computing. IEEE CS Press Los Alamtos, 1996.

[43] Lanzelotte R S G, Valduriez P, Zait M. On the Effectiveness of Optimization Search Strategies for Parallel Execution Spaces[C]. Proceedings of International Conference on Very Large Data Bases, 1993, 493-504.

[44] Hong W. Exploiting Inter-Operator Parallelism in XPRS[C]. Proceedings of ACM SIGMOD International Confernce on Managenment of Data, 1996, 19-28.

[45] Lc M L. On Optimal Processor Allocation to Support Pipelined Hash Joins[C]. Proceeding of ACM SIGMOD International Conference on Management of Data, 1993, 69-78.

[46] Chen S, Gibbons P B, Mowry T C, ey al. Fractal prefeching B+trees: Optimizing both cache and disk performance[C]. In ACM SIGMOD International Conference on the Management of Data, 2002.

[47] Qadah G, irani K. The Join Algorithms on a Shared-Memory Multiprocessor Database Machine[C]. IEEE Transactions on Software Engineering, 1988, 14(11).

[48] Foto A, Victor K, Paraskevas L, et al. A New Framework for Join Product Skew[C]. Lecture Notes in Computer Science, 2010.

[49] Herodotos H, Nedyalko B, Shivnath B. Join Optimization Techniques for Partitioned Tables[C]. In VLDB '10, 2010, 90-101.

后记

  智慧教育是信息技术快速发展和教育现代化改革背景下教学创新与人才培养的必然选择。不论是数字化学习还是协同学习,都是信息技术应用于教育领域的重要理论基础。随着信息技术在教育行业应用中的普及和大规模数据库的出现,单处理器和单计算机平台的传统数据库系统的处理能力已满足不了现在需求,如何能够准确有效地获取大规模数据库复杂查询的信息,提高数据库查询处理能力,成为当下急需解决的问题,也是数据库管理技术研究的一个重要方向。随着多核处理器成为未来较长一段时间内的发展趋势,结合高性能多核处理器运行平台,利用其较高的线程级并行性,对数据库管理系统的优化器进行优化,解决因数据库迅速膨胀引发的问题,成为一个新的数据库研究分支。目前的多核计算机体系结构中,磁盘和内存之间的访问延迟逐渐得到缓解,但是高速缓冲存储器与内存之间延迟问题成为影响数据库处理能力的主要瓶颈。另外,现在主流的多核处理器都采用共享 L2_Cache 的系统结构,如何减少 Cache 访问缺失,屏蔽 Cache 访问冲突,也是值得注意和解决的影响数据库运行性能的更加细粒度的问题。

  基于多核体系的特殊的硬件平台特性,将多核的成本优势与并行化计算对数据库管理性能上的需求相结合,应用高性能并行计算技术来构建高效的查询算法,解决数据库优化面临的主要问题。依据确定性方法,首先对查询计划的构建进行了优化,通过连接子集对优化构建算法实现高效的连接子集对构建,依托构建的有效连接子集对集合,基于多核框架新的硬件结构,提出了基于逻辑转换优化的自底向上连接枚举并行算法和基于逻辑转换优化的自顶向下连接枚举并行算法,实现了两种遍历方式的并行动态规划算法。其次,为了缓解搜索空间对于动态规划枚举算法的限制,进一步提高动态规划近乎穷举的搜索算法对于复杂查询的处理能力,采用随机算法来构建并搜索具有最小查询成本的最优查询计划,提出了基于查询子图相似性优化的查询计划构建算法,通过对查询图进行分析,依据构建相似查询子图集合,避免相似查询子图的查询计划构建,达到减少搜索空间的目的,提高存储空间的利用率,缓解存储器间的访问延迟,获得近似最优解的高质量查询计划。最后利用数据流分解方式以及任务分解方式，针对多核运行平台存储器间的访问延迟以及Cache访问缺失问题，提出了查询计划的并行执行策略框架以及基值多路分解的并行哈希连接算法，基本思想是通过查询计划的数据流标识、任务分解以及子任务在多线程中的分配来实现查询计划以及哈希连接算法。

随着对信息技术研究的深入和对智慧教育事业的持续关注，在未来，我国的教育事业必然会朝着更具现代化的方向发展，而将信息技术运用于教育领域，通过高性能数据库查询优化算法提高教育大数据的查询效率，将成为实现教育现代化和教育信息化的必由之路。